Docteur en Droit

Étude sur l'Organisation

de

l'Assistance Médicale

Hospitalière

EN ALGÉRIE

ALGER

ADOLPHE JOURDAN, ÉDITEUR

PLACE DU GOUVERNEMENT

1914

Étude sur l'Organisation

de

L'ASSISTANCE MÉDICALE HOSPITALIÈRE

EN ALGÉRIE

F. DELLE

Docteur en Droit

Étude sur l'Organisation

de

l'Assistance Médicale

Hospitalière

EN ALGÉRIE

ALGER

ADOLPHE JOURDAN, ÉDITEUR

PLACE DU GOUVERNEMENT

——

1914

INTRODUCTION

L'assistance aux indigents s'est imposée aux nations civilisées comme un de leurs premiers devoirs sociaux. Dans la plupart des Etats de l'Europe et de l'Amérique, des sommes considérables sont prélevées annuellement sur les budgets et consacrées à la bienfaisance publique, des organisations, plus ou moins perfectionnées, distribuent aux nécessiteux les secours de la collectivité. La France, et surtout la France républicaine, ne s'est pas laissée distancer sur ce point. Comme l'a fort bien dit M. Campagnole, « ce sera assurément, au regard de l'histoire et de la postérité, un des plus beaux titres de gloire de la troisième République d'avoir consacré une sollicitude constante, des efforts patients et raisonnés à la solution de ces graves, de ces redoutables problèmes d'assistance publique; ce sera son honneur d'avoir réussi à faire passer dans la pratique, dans la réalité, les grands principes posés à cet égard par ses aînées, la première République et la République de 1848 » (1). Aujourd'hui, l'assistance de l'enfance, l'assistance des adultes, malades ou infirmes, l'assistance des vieillards sont complètement organisées par les lois du 23 décembre 1874 (2), du 27 juin 1904 (3), du 30 juin 1838 (4), du 7 août 1851 (5), du 15 juillet 1893 (6) et du 14 juillet 1905 (7).

L'Algérie ne pouvait rester étrangère au mouvement général. Il eût répugné au caractère généreux de notre race, de laisser, sur une terre française, les malheureux sans défense

---

(1) ED. CAMPAGNOLE, *l'Assistance médicale gratuite* (Introduction).
(2) Loi sur la protection de l'enfance.
(3) Loi sur les enfants assistés.
(4) Loi sur les aliénés.
(5) Loi sur les hôpitaux et hospices.
(6) Loi sur l'assistance médicale gratuite.
(7) Loi sur l'assistance aux vieillards.

1

contre l'adversité. D'ailleurs, la position géographique de la Colonie en a fait, dès les premiers temps de l'occupation, le prolongement naturel de la Métropole : d'une rive de la Méditerranée à l'autre, s'est développé un mouvement incessant de population qui a importé sur le sol conquis les besoins sociaux de la mère-patrie. Aussi, un décret du 13 juillet 1849 (1) étendit-il purement et simplement à l'Algérie l'application des lois et règlements métropolitains sur les hôpitaux et les bureaux de bienfaisance.

Cette mesure était insuffisante. Elle laissait de côté deux catégories d'assistés des plus intéressantes, les enfants et les aliénés; elle ne tenait aucun compte de cette nécessité, aussi réelle en matière d'assistance qu'en toute autre, d'une législation spéciale, adaptée à la population du pays.

Mais, peu à peu, par la force des choses, cette législation spéciale s'est dégagée et, maintenant, la plupart des questions d'assistance sont résolues en Algérie. La protection du premier âge (2), le service des Enfants assistés (3) et celui des aliénés (4) fonctionnent, à peu près, comme en France. L'assistance aux vieillards, dont l'étude se poursuit encore, en raison des difficultés rencontrées par l'Administration pour régler les conditions d'application de la loi de 1905, sera néanmoins bientôt instituée. Quant à l'assistance médicale, — la plus importante de toutes, peut-être, — bien qu'elle ne soit pas encore sortie de la période de formation et de tâtonnement, elle est l'objet d'une organisation générale presque complète.

C'est cette organisation que nous nous proposons d'étudier ici en partie.

Avant d'aborder le sujet même de notre thèse, il paraît indispensable d'examiner les principes généraux d'assistance qui s'imposent partout, d'exposer ensuite le système adopté dans la Métropole et dont l'influence devait forcément se faire

---

(1) Est. et Lefébure, *Code de l'Algérie annoté*, p. 121.

(2) Décret du 8 février 1876. Est. et Lef., p. 479.

(3) Décret du 6 mars 1907. Est. et Lef. *Supplément* 1907, p. 151.

4) Décret du 5 octobre 1878. V. Est. et Lef., *Code de l'Algérie*, p. 503.

sentir sur la réglementation coloniale, et finalement de rechercher au triple point de vue historique, économique et social, les conditions dans lesquelles le problème du service médical se posait en Algérie.

Nous verrons ainsi pourquoi l'assistance hospitalière s'est créée et développée plus tôt et plus complètement que l'assistance à domicile, celle-ci n'étant guère que le corollaire de celle-là. Ce qui nous permettra de justifier la limitation de notre étude à l'assistance hospitalière.

Puis, abordant notre sujet même, nous verrons successivement l'organisation des établissements hospitaliers et le fonctionnement du service.

Enfin, après avoir fixé le but à poursuivre et vu les moyens mis en œuvre pour l'atteindre, nous pourrons dire si l'Algérie a su se montrer à la hauteur de sa tâche.

On remarquera peut-être que nous ne faisons aucune place à part pour les indigènes. La France leur refuserait-elle le bénéfice de ses lois d'assistance ? C'est une idée qui ne viendrait sérieusement à personne, même aux plus déterminés détracteurs de l'œuvre française en Algérie. Est-ce une lacune de notre travail ? Pas davantage. Les indigènes sont absolument traités sur le même pied que les européens; sur ce point, l'assimilation est complète; il n'y a pas de privilège de race. Sans doute, certains organismes ont été créés qui s'adressent spécialement aux musulmans ; ils n'ont nullement pour but de « séparer, par principe, l'assistance médicale des indigènes de celle des européens, mais seulement de compléter au profit des indigènes, l'organisation de cette assistance dans les régions où ils sont trop éloignés des établissements hospitaliers pour pouvoir en profiter et de mettre à leur disposition des locaux où ils se sentent un peu plus chez eux que dans nos hôpitaux ordinaires » (1).

_____

(1) Circulaire du Gouverneur général du 5 décembre 1904.

PREMIÈRE PARTIE

CHAPITRE Ier

Principes généraux de l'Assistance publique

L'expression *Assistance publique*, d'après M. Alexis Chevalier, « désigne, dans le langage administratif, l'ensemble des services organisés en vue de secourir l'indigence » (1) ; mais elle a également une acception moins concrète et représente l'idée d'organisation en service public de la distribution régulière, permanente et obligatoire des secours de la collectivité aux déshérités de la fortune. C'est là une conception essentiellement moderne, qui procède du grand principe de solidarité.

Cela ne signifie pas, évidemment, que ce soit de nos jours seulement qu'on ait songé à secourir les malheureux. La lutte contre la misère est aussi vieille que la misère même ! Ce qui est nouveau, c'est la manière dont est menée cette lutte, autrefois abandonnée aux initiatives privées et assumée désormais presque exclusivement par la puissance publique. A des efforts, méritoires sans doute et même parfois sublimes, mais épars et d'une efficacité douteuse, s'est substituée une action générale méthodique et extrêmement puissante. Au paupérisme, ce mal social que M. Berthélemy a si justement comparé à la goutte (2), la société applique une thérapeutique raisonnée, qui, si elle ne peut prétendre faire disparaître le mal, est capable d'en atténuer l'intensité et d'en limiter les effets.

A la vérité, il faut reconnaître que les besoins du corps

---

(1) *Dictionnaire de l'Administration Française*, de M. BLOCK (éd. 1905), au mot : *Assistance publique*.

(2) Dans la préface du *Traité d'Assistance publique*, de DEROUIN, GORY, WORMS, édition 1905.

social n'étaient pas autrefois aussi impérieux qu'aujourd'hui : le paupérisme a suivi, à travers les âges, un processus caractéristique : à peine sensible aux premiers temps, il est parvenu maintenant à l'état aigu. Parallèlement, les remèdes employés ont subi une évolution correspondante, se perfectionnant au fur et à mesure et s'adaptant aux nécessités nouvelles.

A ce point de vue, l'histoire sociale peut se diviser en quatre périodes, caractérisées, chacune, par un procédé de lutte différent : la période de l'hospitalité, celle de la bienfaisance privée, celle de la bienfaisance publique et, enfin, celle de l'Assistance publique.

La première comprend l'Antiquité presqu'entière. L'indigence était alors un accident exceptionnel, car l'organisation de la société ne laissait guère l'individu abandonné à ses seules ressources. Les hommes libres vivaient unis en communautés familiales où chacun devait son travail au chef de famille qui assurait en retour l'existence de tous; les esclaves, englobés dans le patrimoine de leurs maîtres, n'avaient pas à se préoccuper de leur sort. Seul le voyageur étranger pouvait se trouver en détresse, mais la scrupuleuse observance des lois de l'hospitalité lui permettait de trouver en toute occasion l'aide nécessaire (1).

Sans doute les Anciens ne conservèrent pas toujours des habitudes aussi absolument patriarcales. Les mœurs évoluèrent ; la famille perdit de son unité ; les individus, sous l'influence de conditions économiques nouvelles, prirent le goût du commerce et des voyages, et se disséminèrent. Néanmoins l'esprit de solidarité familiale persistant et surtout l'institution de l'esclavage assurant aux citoyens un minimum d'existence, la question d'assistance ne se posait encore pas.

« C'est la liberté, ou le droit pour l'homme de choisir et de régler son labeur au gré de sa volonté propre, qui crée une masse d'hommes dont l'existence ne repose sur aucun capital

---

(1) Chez les Romains, comme chez les Grecs, un appartement était réservé dans chaque maison à l'exercice de l'hospitalité. Cf. CROS-MAYRÉVILLE, *Traité de l'Administration hospitalière*, p. 13.

et que l'âge, l'infirmité ou le manque de travail mettent dans l'impossibilité de subvenir aux nécessités de la vie » (1).

L'idée de la liberté individuelle se fit jour sous l'empire romain et se manifesta par l'avènement du christianisme. La doctrine nouvelle poussa les individus à s'émanciper davantage du joug familial ; les maîtres libérant facilement leurs serviteurs, l'esclavage diminua progressivement. Les déracinés et les affranchis que ne protégeait plus l'institution de la *clientèle*, constituèrent une plèbe exposée aux assauts de l'adversité. L'hospitalité ne suffisant plus aux nécessités présentes céda la place à une nouvelle vertu plus efficace : la charité. Rapidement, l'initiative individuelle sentit son impuissance ; sous la direction du clergé les bonnes volontés se groupèrent pour fonder des œuvres chargées de recueillir les aumônes et de les distribuer aux pauvres (2). Ainsi s'ouvrit la deuxième période, que nous avons appelée période de bienfaisance privée.

Le monde romain fut ébranlé ; les barbares s'installèrent dans l'empire ; l'ordre social fut longtemps bouleversé. Cependant au milieu de ce cataclysme, les choses ne furent guère modifiées. Des fondations pieuses, anciennes ou nouvelles, continuèrent à assurer, dans la mesure de leurs moyens, l'exercice de la charité, sous l'action immédiate des évêques (3).

L'Occident, remis du formidable choc des invasions, s'organisa sous la rude armure du régime féodal. L'homme reperdant un peu de sa liberté, fut incorporé dans un organisme social fortement constitué, où il trouva protection et assistance. Cette nouvelle forme sociale, réduisant en somme le nombre des nécessiteux, ne comporta pas une organisation de la bienfaisance plus développée qu'auparavant.

Mais, lorsque la féodalité succombant, abandonna aux difficultés de l'existence serfs et vilains, la charité privée n'arriva plus à combattre seule la misère. Au surplus la foi s'était ralentie, des désordres s'étaient glissés dans la gestion des

(1) Derouin, Gory, Worms, *op. cit.*, Introduction.
(2) Gros-Mayreville, *op. cit.*
(3) Cf. Gros-Mayreville, *op. cit.*

établissements charitables ; des réformes s'imposaient pour assurer le fonctionnement de ces institutions ; la royauté entreprit de les réaliser et substitua la bienfaisance publique à la bienfaisance privée.

En France, des édits rendus de 1505 à 1599 laïcisèrent l'administration des hôpitaux et hospices et les soumirent à la surveillance du Parlement (1) de Paris ou des baillis et sénéchaux (2). Les ressources des établissements furent améliorées: aux dons volontaires des âmes charitables s'ajoutèrent le produit de certains droits et des subventions du Trésor royal. La part des deniers publics dans les dépenses d'assistance n'apparaissait encore que comme une contribution complémentaire destinée à parfaire le produit des aumônes et des donations. Les anciennes institutions transformées et devenues de véritables établissements publics, *restaient seules chargées de secourir les pauvres* (3).

Or ces établissements, disséminés au hasard sur tout le territoire, limités dans leur action par leurs ressources propres, laissaient sans soulagement bien des infortunes. Aussi se répandit peu à peu cette idée que l'homme sans ressources, privé du soutien naturel de la famille, devait être secouru par la communauté territoriale la plus simple, paroisse ou commune (4). Nous n'exposerons pas ici comment cette idée fut pratiquement réalisée. Notons seulement que l'obligation des communes était considérée comme un simple devoir moral et les secours distribués par elles tenus comme de purs bienfaits vis-à-vis des malheureux.

Le mouvement général de concentration urbaine qui, dessiné pendant les XVIIe et XVIIIe siècles, se précipita au XIXe siècle, eut pour conséquence un accroissement formidable du paupérisme. Désormais, on ne peut plus s'en remettre à la bonne

(1) Édit du 11 avril 1505 sur l'Administration de l'Hôtel-Dieu de Paris.
(2) Édit de 1543.
(3) Cf. FLEURY-RAVARIN, *De l'Assistance communale en France.*
(4) DEROUIN, GORY, WORMS, *op. cit.* préface de BARTHÉLEMY, p. VII.

volonté des individus et des collectivités. « Dans le dur combat
qu'il s'agit de livrer, les œuvres privées occupent juste la place
qu'occupent à la guerre les corps francs » (1). Il faut organiser
la lutte d'une façon générale et complète, ne laisser sur le
front de bataille aucune fissure par laquelle l'ennemi puisse
échapper ; et cela, seule, la puissance publique est capable de
le faire. D'autre part, le christianisme a terminé sa mission ;
l'idée de charité a fait place à l'idée de solidarité : les individus se doivent à la société, mais la société *doit* à chacun de
ses membres protection et *assistance*. La misère est une conséquence de l'ordre social, c'est à la société qu'il appartient d'y
remédier.

Ainsi, on est arrivé à la conception d'assistance publique
telle que nous l'avons définie au début de ce chapitre (2).

L'évolution que nous venons de décrire à grands traits a eu
lieu chez tous les peuples de notre civilisation. Naturellement,
comme pour toutes les institutions humaines, des circonstances spéciales en ont ralenti ou précipité le cours et les
nations ont franchi plus ou moins rapidement chacune des
quatre étapes. L'Angleterre, par exemple, eut, au début du
XVIIe siècle, une organisation charitable perfectionnée qui
contrastait singulièrement avec les institutions chaotiques de
notre pays. Cette situation s'explique aisément. Tandis que la
population française était restée presqu'entièrement agricole,
il s'était produit chez nos voisins une véritable désertion des
campagnes à la suite d'une terrible crise économique dont on
trouve le tableau dans un ouvrage écrit au milieu du XVIe
siècle par un membre du Parlement anglais, John Hales (3).
L'Angleterre, disait-il, n'est plus qu'un cadavre, les artisans
sont malheureux, les fermiers écrasés sous le poids des fermages, les paysans fuient les champs et le chômage règne en

---

(1) DEROUIN, GORY, WORMS, op. cit., préface de BERTHÉLEMY, p. VIII.
(2) Pour la distinction entre la *bienfaisance publique* et l'*assistance publique*,
conf rapport de MM. NAPIAS et RONDEL au Congrès national d'assistance de
Lyon en 1894, p. 21.
(3) *Entretiens sur la prospérité du Royaume d'Angleterre*, 1548.

maître dans les villes (1) (2). La misère était effroyable. Outre les mesures d'ordre général propres à faire cesser la crise, le pouvoir eut à prendre des dispositions immédiates pour en atténuer les effets lamentables. A la vérité, les premiers actes de l'autorité furent des procédés de coercition : des peines féroces réprimèrent la mendicité et le vagabondage. Mais l'inanité de cette répression amena la royauté à recourir à une plus saine méthode. Des lois d'assistance (poor-laws) promulguées sous le règne d'Elisabeth (43 élisabeth, c. 2, année 1601) et complétées le siècle suivant par George 1er (ch. 7 de la 9e année) obligèrent les paroisses à secourir leurs pauvres. Bien mieux, cette obligation fut garantie par la reconnaissance aux indigents d'un *droit au secours*, absolu pour les non-valides et conditionnel pour les autres. Or, ce droit au secours, proclamé en 1601 en Angleterre, ne fut admis, en France, que sous la Révolution (3), et encore d'une façon éphémère; en réalité il fallut attendre jusqu'en 1905 pour qu'il soit, sinon indiscuté, du moins appliqué partiellement (4).

Pourtant, il semble bien qu'en bonne logique au devoir de la société s'oppose le droit des bénéficiaires. On a prétendu au contraire, et cette opinion a longtemps prévalu, que l'axiome qu'à tout devoir correspond un droit, vrai en droit civil, ne pouvait et ne devait être applicable en pareille matière (5).

---

(1) M. CHAUVIN, professeur à la Faculté de Droit d'Alger, à son cours d'*Histoire des Doctrines économiques*.

(2) Pour J. HALES, voici quelle était la cause de tous ces maux : Les Flandres fabriquant en abondance des draps, demandaient de la laine à tous prix à l'Angleterre. Les conditions exceptionnellement rémunératrices de la vente des laines, avaient incité les seigneurs anglais à reprendre les terres que, de temps immémorial, ils avaient concédées aux paroisses, et à les transformer en pâturages pour faire de l'élevage. Or, l'élevage exigeant moins de bras que l'agriculture, cette transformation a jeté dans la misère un nombre considérable de paysans

(3) Constitution de 1793, loi des 19 mars, 28 juin 1793, 22 floréal et 24 vendémiaire an II.

(4) Loi du 14 juillet 1905 sur l'*Assistance obligatoire aux vieillards*.

(5) « La législation charitable en France est dominée actuellement par ce principe que, si la société a le devoir moral de ne laisser aucune souffrance réelle sans soulagement, l'assistance ne peut jamais être réclamée comme un droit par l'indigent ». *Rapport de l'inspection générale des Établissements de bienfaisance*, 1874.

« Entre particuliers, dit-on, une obligation dépourvue de sanction légale n'aurait assurément aucune valeur. Il n'en est pas de même entre un particulier et une collectivité sociale. Que cette collectivité s'appelle la commune, le département ou l'Etat, on comprend qu'elle remplisse couramment certains devoirs, qu'elle accepte certaines charges sans autre contrainte que celle qui résulte de sa propre organisation » (1). Ce raisonnement n'est guère concluant ; il ne prouve nullement que l'axiome dont il s'agit vrai en droit civil ne l'est plus en droit administratif. Cela eût été d'ailleurs difficile et les meilleurs arguments qu'on ait pu faire valoir contre le droit à l'assistance sont des arguments d'ordre moral : Ce droit est un droit dangereux (2); il risque de mettre à la charge des laborieux l'entretien des fainéants et, surtout, de rendre inutile la prévoyance en assurant aux insouciants un minimum d'existence (3).

Ces griefs ne sont pas dénués de fondement ; « ils ne sauraient toutefois prévaloir sur ce que l'utilité générale impose » (4). Or il est devenu indispensable, nous l'avons vu, que la lutte contre la misère fût menée par la puissance publique; mais « instituer l'assistance administrative, c'est en fait, proclamer le droit à l'assistance », car « tout service établi aux frais de tous doit être à la disposition de tous » (4). Cela est si vrai que les textes législatifs qui ont prétendu distinguer entre le droit à l'assistance et le devoir social d'assistance pour admettre celui-ci, en répudier celui-là, les ont, pratiquement, confondus. Il en est ainsi, par exemple, de la loi française du

(1) ED. CAMPAGNOLE, op. cit., p. 56.
(2) Cf. ÉLIE DE BIRAN. Principes généraux d'assistance. R. G. A. 1881. P. LEROY-BEAULIEU, Traité d'Ec. pol.
(3) Proposition de loi déposée en 1873 par M. TH. ROUSSEL, Exposé des motifs : « La même loi sociale qui prescrit à la société d'assister l'indigent dans ses souffrances et dans ses besoins, prescrit avec une égale force à l'indigent valide le travail, la prévoyance et l'économie, qui seuls peuvent créer des moyens d'existence. Nous voyons ainsi clairement la véritable harmonie sociale résulter de l'accomplissement d'un double devoir et non de la coexistence d'un droit et d'un devoir ».
(4) DEROUIN, GORY, WORMS, op. cit., préface de M. BERTHÉLEMY.

15 juillet 1893 (1) sur l'assistance médicale ; « il a été proclamé à plusieurs reprises dans la discussion de la loi qu'il ne s'agissait nullement de reconnaître un droit d'assistance au profit des indigents malades (2). Bien que cette affirmation n'ait pas été contestée, il y a lieu de remarquer que l'indigent auquel est refusée l'inscription sur la liste d'assistance est admis à porter sa réclamation devant une commission qui est, en réalité, un véritable tribunal administratif. N'est-ce pas là proclamer à la charge de la société et *au profit de l'individu* une véritable obligation légale, *sanctionnée par une action*; et, en fin de compte, par une inscription d'office au budget ? » (3).

Quoiqu'il en soit, que le droit aux secours soit contesté ou non aux indigents, le principe de l'assistance obligatoire est, à l'heure actuelle, admis dans la plupart des législations en vigueur. Mais comment la collectivité doit-elle s'acquitter de cette obligation ? Presque partout, trois ordres de communautés territoriales se partagent la charge des services publics : ce sont, chez nous, la commune, le département et l'Etat. La question qui se pose est donc de savoir à laquelle des trois incombe la tâche d'assister les malheureux (4).

Historiquement, c'est la commune qui paraît être toute désignée. N'était-elle pas, naguère, la seule dispensatrice de la charité publique ? (5). Il suffit de transformer le devoir moral

---

(1) Même remarque est à faire pour la loi allemande de 1870 et pour la loi belge du 27 novembre 1891.

(2) « Il n'y a pas, dans l'affirmation du devoir social au regard du malade privé de ressources, la reconnaissance pour l'individu secouru d'un droit à l'assistance. Même restreinte à l'assistance médicale, la proclamation du droit à l'assistance se heurterait à bien des critiques et serait de nature à engager gravement la responsabilité pécuniaire et morale de la collectivité. (Exposé des motifs du projet de loi du gouvernement, p. 18). De même.... « Il en serait certainement ainsi, si l'on reconnaissait à l'indigent le droit de réclamer l'accomplissement du devoir social de l'Assistance, si on lui donnait une créance morale contre la Société. Nous n'hésitons pas à combattre cette manière de voir, où nous voyons une généreuse, mais dangereuse utopie. » (Dr DREYFUS-BRISAC, rapport au Conseil Supérieur de l'Assistance publique).

(3) Paul DUPRÉ et Camille LYON, *Bulletin annoté des Lois et Décrets*, 1893, p. 250, note 1.

(4) « L'assistance publique est d'essence communale ». (Résolution du Conseil supérieur de l'Assistance publique du 19 mars 1898).

(5) V. *suprà*, p. 12.

qu'on lui reconnaissait, en une obligation légale, pour moderniser son rôle.

Moralement, on admet facilement que la communauté territoriale la plus petite, à la vie de laquelle les citoyens participent le plus intimement, soit chargée d'assurer à ceux-ci aide et protection (1).

Cependant, d'excellents esprits se sont prononcés nettement contre l'assistance communale (2). On trouve leurs principaux arguments exposés, d'une façon remarquable, dans un rapport, déposé, au nom du comité des secours publics, sur le bureau de l'Assemblée Constituante par La Rochefoucault-Liancourt. Les passages principaux de ce rapport méritent d'être reproduits :

« L'assistance des pauvres, disait-il, doit-elle être une charge nationale ou locale ?

« L'opinion que l'Etat doit laisser et imposer à chaque municipalité le devoir d'entretenir ses pauvres a si souvent été répétée, elle est si séduisante par sa simplicité, que nous croyons, en la combattant, être forcé de la faire envisager sous ses rapports principaux à ceux qui, ne l'ayant pas examinée sous toutes ses conséquences, auraient pu la juger d'une facile application.

« D'abord l'assistance ne serait pas partout égale; elle dépendrait du plus ou moins de richesses de la municipalité, de la facilité plus ou moins grande des corps administrants. Si les lois prescrivaient un traitement égal pour tous les individus à assister, l'injustice et l'inégalité se trouveraient alors

---

(1) « L'Assistance est due, à défaut de la famille, par la communauté territoriale la plus petite, commune ou paroisse à ceux des indigents qui ont chez elle le domicile de secours ». Résolution du *Congrès international d'Assistance publique* de Paris en 1889.

(2) En Algérie, la prise en charge exclusive par l'Etat de l'assistance générale ou seulement de l'assistance médicale a été réclamée à plusieurs reprises. Elle a fait notamment l'objet de vœux déposés par M. le Dr FŒSTER et M. VIMAL, au Congrès des Maires d'Alger en mars 1910 ; elle a été discutée très longuement aux Délégations financières algériennes en 1912. Nous aurons par la suite à revenir sur ce sujet ; c'est pourquoi nous nous y arrêtons assez longtemps ici.

pour les citoyens qui devraient contribuer aux secours : car la proportion des besoins n'est pas toujours celle des richesses; le pays le plus pauvre, celui où un plus grand nombre de secours est nécessaire, est presque toujours, au contraire, celui où il existe le moins de ressources. Ainsi, ou assistance insuffisante pour les pauvres, ou charge insupportable pour les citoyens qui doivent contribuer à cette assistance. Si l'on ajoute à ces premières raisons, déjà déterminantes pour rejeter cette idée, celle qu'il faudrait alors que chaque municipalité eût un établissement propre à secourir toutes les infirmités de la vie, qui toutes pourraient assaillir quelques-uns de leurs habitants, on trouvera l'exécution déjà plus empêchée.

« Mais les suites funestes de ce mode d'assistance seront plus évidentes encore, si l'on réfléchit à la difficulté qui naîtrait des changements de domicile et qui gênerait le mouvement de l'industrie ainsi que le libre usage de la propriété. En effet, toute entreprise d'industrie, soit manufacturière, soit agricole, toute grande entreprise de défrichement, de desséchement, ne pouvant se faire qu'avec des bras appelés du dehors, les municipalités qui craindraient que les travaux fussent un jour ralentis ou interrompus s'opposeraient, par une prévoyance mal entendue sans doute, mais non moins probable, à ces établissements qui peupleraient leur pays d'hommes sans propriétés et pouvant tomber à la charge commune ; elles nuiraient ainsi à leur véritable richesse, à la prospérité nationale qui a sa source dans l'accroissement continuel des produits de la terre et de l'industrie. Les municipalités, toujours en contestation pour ne pas admettre ces hommes sans domicile, les rejetteraient sur les municipalités voisines. De là, l'avilissement de ces malheureux qui, réduits à une oisiveté forcée et repoussés de toutes parts, feraient éclater, entre les municipalités ruinées par les procès, les haines les plus aveugles.

« Mais une autre considération rend plus impraticable encore l'idée de laisser aux municipalités le soin de leurs pauvres : c'est que ce système entraîne la nécessité d'une taxe locale appliquée au soulagement de la misère. Ce système, dont l'expérience de nos voisins (1) démontre tous les vices, a cependant encore des partisans ; mais comme il pourrait se produire sous des formes différentes, et qu'il est plein de dangers, le comité croit qu'il convient d'indiquer les motifs qui lui en ont fait rejeter même l'idée ; il ne s'attachera qu'aux principaux.

« Cette taxe sera inégale dans tous les lieux, en raison des besoins auxquels elle devra faire face ; alors elle rendra inégale la valeur des biens. Cet accroissement des charges sur les propriétés n'élèvera pas en proportion leur valeur, comme on pourrait le dire s'il était égal dans tout le royaume ; ainsi, les propriétaires, sans avoir l'espérance d'augmenter leur revenu, courront le danger de voir leurs fonds tomber de valeur, et la conséquence de cet ordre de choses sera ruineuse pour l'Etat, et pour les pauvres : car les propriétaires, loin d'attirer et de favoriser l'industrie pour améliorer leurs biens, s'entendront, au contraire, pour la repousser, parce qu'ils la regarderont comme une cause préalable de charges nouvelles. Ainsi le principe de toute amélioration se tarira dans sa source.

« Cette inégalité de taxe, impolitique, injuste, porterait un grand obstacle au projet d'assistance que l'Assemblée nationale médite. Les propriétaires, les gens domiciliés, les fermiers exposés, par l'assiette irrégulière et mobile de cet impôt, à des charges imprévues, se refuseraient avec opiniâtreté à contribuer à ces secours, que la loi cependant exigerait d'eux. Par ruse ou par force, les départements se renverraient l'un à l'autre les familles misérables ou qu'ils craindraient d'avoir à nourrir un jour. Cette dureté pour les malheureux, contraire à la nature, ou du moins à toute société, aurait pourtant une sorte d'excuse dans cette prodigieuse inégalité des secours à donner, mais elle ne diminuerait pas les charges, car il est de la nature de toute charge individuelle, et dont l'assistance est

---

(1) Pour assurer l'exécution des *poorlaws* les Anglais ont affecté aux dépenses de l'assistance le produit d'une taxe des pauvres, ou *poor-rate*, qui est un impôt direct sur toute propriété productive de revenus située sur le territoire de la paroisse. Les rôles sont établis par les *churchswardens* ou marguiliers et les *overseers* ou inspecteurs des pauvres. Les poor-rates existent depuis les lois d'Elisabeth.

l'objet désigné, de s'augmenter, même malgré l'opposition des contribuables. En vain ceux qui payeront la taxe se raidiront-ils, de concert avec les administrateurs eux-mêmes, contre son accroissement, il n'en résultera qu'une lutte perpétuelle, une plus grande incurie sur l'emploi de la taxe et un soulagement médiocre ; mais la taxe haussera sans cesse.

« Le besoin ou l'importunité des pauvres, la pitié que le tableau, même exagéré, de leur détresse inspire, seront toujours plus forts que ne pourraient l'être la constance des administrateurs à refuser. Pour flatter la multitude et surprendre une popularité d'un jour, des ambitieux, des intrigants prodigueront des secours, qu'on n'osera plus réduire, avec une profusion qui peut-être gagnera jusqu'aux districts et départements voisins, et c'est ici surtout que l'exemple de l'Angleterre nous est une grande leçon. La taxe des pauvres n'y était portée au commencement du siècle qu'à quinze millions ; elle excède aujourd'hui soixante, et les contribuables, luttant sans cesse contre son poids énorme, mais sentant l'impossibilité de la diminuer, se bornent à en modérer les progrès sans aucun espoir de la jamais contenir (1). Outre les vices qu'offre une loi pareille, la dépense monstrueuse qu'elle entraîne et la fainéantise qu'elle encourage, elle nous découvre la plaie politique de l'Angleterre et la plus dévorante, qu'il est également dangereux, pour sa tranquilité et son bonheur, de cicatriser ou de souffrir. Il y a même en France un exemple de cette taxe avec ses périls et sa cherté. On sait que, dans la ci-devant province de Flandre, les pauvres sont entretenus par la paroisse, et le mode de les adjuger par an, au rabais, prouve que l'on veut mettre à profit l'esprit de charité des habitants pour suffire à la dépense. Cependant, la taxe, inégale partout, s'élève dans quelques paroisses à quatre livres par arpent, et est encore indépendante des biens d'hôpitaux.

---

(1) Le paupérisme était beaucoup plus développé en Angleterre qu'en France et justifiait la progression des dépenses dans une très large mesure. Mais les abus signalés par La Rochefoucault-Liancourt étaient réels. Une loi de 1834 pour réagir contre ces abus créa une autorité centrale qui, dénommée d'abord *Poorlan-Board*, s'appelle depuis 1871 *Local Government Board*.

« Ces inconvénients, dont le comité a reconnu l'existence, lui ont fait rejeter toute idée, même éloignée, d'une taxe des pauvres, et, avec elle, celle de laisser aux municipalités le soin particulier de leurs pauvres.

« Le système qui mettrait les pauvres à la charge des départements offrirait les mêmes désavantages, il y en aurait encore un autre qu'il faut, sous notre Constitution, écarter avec vigilance, celui d'isoler les départements entre eux et de les rendre indépendants d'un centre commun, auquel on ne peut trop les ramener pour l'intérêt de tous.

« Tous ces inconvénients disparaissent, si l'on fait de cette assistance une charge nationale. D'abord, point de taxe particulière pour l'imposition nécessaire à cette œuvre de devoir; les revenus qui y sont affectés se confondent avec les autres revenus ou impôts de la nation. L'assistance de la classe infortunée est une charge de l'Etat, comme le payement des fonctionnaires publics, comme les frais du culte. Le citoyen, en acquittant ses impositions, ne distingue pas plus la part de la pauvreté que celle des routes ou de l'armée, et le malheureux, mis ainsi sous la providence unique de l'Etat, échappe aux reproches de celui qui est expressément imposé pour le secourir, et reçoit une assistance plus noble, plus généreuse, plus digne du respect dû à l'infortune et de la grandeur de la nation qui le soutient. Les sommes nécessaires à l'assistance publique, votées à l'Assemblée nationale sur le calcul des besoins et d'après des bases générales et certaines, ne peuvent s'accroître par l'intrigue d'aucun ambitieux : car ce ne serait plus pour la municipalité ou pour son département qu'il agirait, ce serait pour le royaume entier, dont chaque partie aurait droit à ce supplément d'assistance. Cette impossibilité d'augmenter ainsi la taxe des pauvres pour les vues particulières d'un intrigant, laissera les moyens de diminuer, si l'on peut, les dépenses, de les tenir du moins dans la juste proportion de la misère, et de renfermer dans les bornes les plus étroites la fainéantise et les vices qui en sont la suite. Enfin, par cet ordre de choses, nul germe de procès, nul obstacle au développement de l'indus-

2

trie, du commerce, de la richesse publique, et au niveau si nécessaire à établir dans le prix de la main-d'œuvre; et cependant, possibilité entière d'intéresser les départements à surveiller l'accroissement du nombre de leurs pauvres. »

Les conclusions du savant rapporteur du Comité des secours publics, en dépit de son éloquence, ne paraissent pas devoir être adoptées; car aucune des quatre objections qu'il formule, ne s'opposent véritablement à l'assistance communale :

I. On ne peut nier, sans doute, que les ressources municipales soient extrêmement variables d'un endroit à un autre; qu'elles peuvent fréquemment se trouver insuffisantes. Mais il n'y a pas là une difficulté insurmontable : la contribution de l'Etat et du département peut et doit suppléer aux défaillances des finances communales (1).

II. Les inconvénients d'une taxe spéciale, s'ils existent, ne sont guère redoutables. L'idée d'une pareille taxe permise à l'époque révolutionnaire, ne saurait être admise, aujourd'hui, comme contraire aux règles de l'unité et de l'universalité du budget : il doit être pourvu à toutes les dépenses quelles qu'elles soient, sur les ressources générales. Ces ressources peuvent se trouver trop faibles pour assurer le fonctionnement normal de l'assistance publique; cette éventualité est susceptible de se produire, que la commune soit chargée du service ou que ce soit l'Etat. En pareille occurence l'Etat accroîtrait ses recettes par une création d'impôts ou la majoration des anciens. On ne voit pas pourquoi la commune ne pourrait agir de même et serait contrainte de recourir à une taxe affectée spécialement à l'assistance.

III. Comment admettre aussi qu'une municipalité soit assez stupide, — il n'y a pas d'autre mot, — pour ne voir, dans l'ins-

(1) V. infra, p. 23 et 24.
« L'Assistance publique est une œuvre de solidarité nationale. Elle doit s'exercer non seulement de la société à l'individu, mais de groupe à groupe, les communes riches venant au secours des communes pauvres, les départements riches venant au secours des départements pauvres ». Cons. sup. de l'A. P., résolutions du 19 mars 1898.

tallation d'une grosse entreprise sur son territoire, que l'éventualité d'un surcroît d'indigents ? Pour ne tenir aucun compte des avantages de toutes sortes, directs ou indirects, que le fonctionnement de cette entreprise ne manqueraient pas de procurer au pays ? Si d'aventure quelques paysans bornés étaient capables d'un pareil aveuglement, il faut penser que les assemblées municipales sont placées sous la tutelle de l'Administration supérieure qui doit les défendre de leurs propres égarements.

IV. Enfin, La Rochefoucault-Liancourt déclare les autorités locales hors d'état de distribuer des secours équitablement, les tenant pour capables, par ambition, de dilapider inconsidérément les finances publiques. On ne saurait prétendre que les maires, presque partout issus du suffrage universel, soient tous assez intègres pour résister à la tentation de mettre un levier aussi puissant au service de leur politique. Malheureusement, l'application d'une loi récente nous en fournit, en France, de trop nombreux exemples (1). Mais, outre qu'il serait injuste de contester la présence d'une majorité d'honnêtes gens dans les assemblées locales, on doit attendre, d'un contrôle rigoureux et constant, que les excès soient réprimés et prévenus.

En réalité, donc, rien ne s'oppose à ce que la commune soit chargée de l'assistance. Au contraire, des raisons majeures l'exigent. « Le ressort administratif de l'Etat et même du département est trop vaste pour qu'il lui soit possible d'entrer dans le détail des investigations que nécessite l'attribution individuelle des secours » (2). Seules, les autorités locales (3), qui connaissent à peu près tous leurs administrés, sont en mesure de sa-

---

(1) Nous faisons allusion ici à la loi de 1905, qui a donné lieu à des abus scandaleux relevés par l'Inspection Générale des services administratifs. V. not. Rapport de l'Insp. de 1909.

(2) Enq. parlementaire de 1872. Résultats des Conseils Généraux. En ce qui concerne l'enq. parlementaire. V. infrà, p. 33.

(3) « C'est par la commune que doivent être désignés les bénéficiaires de l'assistance, parce que seule elle est en situation de les connaître ». Cons. sup. de l'A. P., Résolution du 19 mars 1898.

voir toutes les infortunes, d'en apprécier le degré et de les soulager promptement; seules aussi, elles peuvent distinguer entre le vrai pauvre et le professionnel de la charité publique, de secourir le premier et d'écarter le second, d'éviter, par là même, les effets désastreux d'une bienfaisance mal placée. Il n'est donc pas possible de se passer des municipalités pour la distribution des secours; mais il serait imprudent de leur confier cette délicate mission sans prendre de garantie; or, la meilleure, c'est d'engager leur responsabilité administrative en faisant supporter la dépense par les budgets dont elles ont la gestion (1).

Que la commune doive être, suivant la pittoresque expression de M. le Dᵣ Dreyfus-Brisac, le « pivot de l'assistance » (2), il ne s'ensuit pas nécessairement qu'elle doive en supporter tout le poids. L'Etat et le département ont également leur rôle à jouer. Nous avons vu que les facultés financières des communes sont extrêmement variables et pas toujours proportionnées aux besoins de la population : une localité très pauvre renferme souvent de nombreux indigents. C'est au département et à l'Etat qu'il appartient d'équilibrer les charges, de les répartir aussi équitablement que possible entre tous les contribuables par un système de subventions bien comprises.

D'autre part, la commune est le plus souvent trop peu étendue pour justifier l'affectation à son usage exclusif, de tous les organismes nécessaires au fonctionnement du service de l'assistance. Un hôpital, par exemple, peut suffire à toute une région; non seulement il serait superflu que toutes les municipalités rurales possédassent chacune un établissement de ce genre, mais il y aurait là une perte d'argent bien inutile par l'exagération des frais généraux. Par conséquent, l'organisation matérielle du service doit être réalisée par des groupements

(1) « L'organisation de l'Assistance doit toujours être telle que la commune soit financièrement intéressée à la limitation du nombre de ses indigents ». Cons. sup. de l'A. P., Résolutions du 19 mars 1898.

(2) « Every city and town shall relieve and support all poor and indigent persons lawfully settled therein, whenever they stand indeed thereat » (Massachussett's Poorlaw).

régionaux. Mais peut-on laisser l'initiative de ces groupements aux conseils municipaux intéressés ? Evidemment non, car les divisions de clochers primeraient incontestablement les intérêts en présence. C'est à l'autorité supérieure que revient ce soin; et, à ce point de vue, le département paraît être une circonscription suffisamment vaste pour pouvoir en être chargé utilement. Comme corollaire, le budget départemental devra supporter les dépenses qui ne peuvent être légitimement imputées aux municipalités ainsi que les frais d'administration qui ont un caractère commun à toute la région.

Enfin, l'Etat, auquel incombe le soin de légiférer et de réglementer, doit surveiller la marche du service, coordonner et uniformiser les efforts des communes et des départements, empêcher les abus de se commettre (1), et assurer les dépenses d'administration générale.

Telles sont, brièvement tracées, les conditions dans lesquelles devrait, semble-t-il, être rationnellement assurée l'assistance publique.

---

(1) « A quelle autorité doit être confiée la mission d'organiser les divers services d'assistance médicale ? — Sera-ce à la commune ou au syndicat de communes ? Cette solution nous paraît inacceptable, car l'une ou l'autre seraient incapables d'instituer un système satisfaisant, sinon de secours médicaux à domicile, du moins de secours hospitaliers. D'ailleurs il est évident qu'un réseau d'assistance, établi dans ces conditions de décentralisation excessive, échapperait à toute surveillance de l'Etat, à moins qu'on ne crée une armée de fonctionnaires chargés de ce contrôle. — C'est pour des motifs analogues que nous repoussons le système de l'organisation cantonale, bien qu'il semble fonctionner d'une façon assez satisfaisante dans quelques départements, et qu'il ait trouvé quelques défenseurs dans l'enquête de 1872. Il est bien des régions où le canton ne serait pas mieux outillé que la commune pour créer tels ou tels rouages compliqués de l'Assistance médicale. — Mais si commune et canton semblent être des unités politiques trop peu puissantes pour pouvoir assumer la mission d'organiser l'Assistance, irons-nous, par une tendance opposée, jusqu'à faire intervenir l'Etat ? Pas davantage, car les inconvénients d'une pareille centralisation seraient tout aussi graves que ceux d'un émiettement excessif des services de secours publics. Dans une question si délicate, il faut en effet tenir compte des besoins des populations, des ressources disponibles, de la facilité des communications, du nombre des médecins exerçant dans la région, en un mot, d'une foule de conditions et de convenances locales que l'Administration centrale est trop loin pour pouvoir apprécier. Ce rôle ne saurait mieux être dévolu qu'aux autorités départementales, Conseil général, représentant des populations, et Préfet représentant du Gouvernement. (Rapp. de M. Dreyfus-Brisac au Conseil sup. de l'Assistance publique).

Or, si l'on fait le tour des législations étrangères, on constate que l'expérience des nations les a conduites à adopter presque partout des systèmes conformes à nos conclusions. En Angleterre (1), en France (2), en Allemagne (3), en Belgique (4), en Autriche (5), en Hongrie, au Danemark (6), dans la plupart des Etats de l'Union nord-américaine, dans les cantons suisses, en Suède (7), en Norvège (8), en Italie, la commune est à la base de l'organisation charitable. Le principe de l'obligation est moins répandu (9), mais, appliqué dans la majorité des pays, il gagne constamment du terrain, et il n'est pas douteux qu'il soit, d'ici peu, universellement reconnu.

*
* *

Nous avons, jusqu'à présent, considéré l'Assistance à un point de vue général, ou, autrement dit, considéré la distribution aux malheureux, des secours de la collectivité, sans faire état de la nature de ces secours. C'est que, qu'il s'agisse de soins médicaux à donner, de tutelles à assurer, d'aides pécuniaires à allouer, il s'agit toujours de mener la lutte contre la misère. De l'identité du but à atteindre découle l'identité des principes généraux à suivre. En réalité, d'ailleurs, toutes les formes de secours ne s'adressent pas à des catégories bien tranchées d'indigents ; l'hôpital, le mont-de-piété, le bureau de bienfaisance ont tous la même clientèle.

---

(1) V. *suprà* p. 10 et 11. Lois d'Elisabeth (1601) et George Iᵉʳ (1714). *Adde* 4 et 5 Wil. IV, c. 76, 1834. 10 et 11 Vict., c. 101, 1847.

(2) Loi de 1838 sur les aliénés, 5 mai 1869 sur les enfants assistés, 7 août 1851 sur l'assistance hospitalière, 15 juillet 1893 sur l'assistance médicale, 14 juillet 1905 sur l'assistance aux vieillards.

(3) Lois d'Empire des 6 juin 1870 et 12 mars 1894. Cf. *Landrecht* prussien de 1794, titre 19, partie 6 §§ 1 à 15.

(4) Lois du 28 nov. 1818, du 18 fév. 1845, du 14 mars 1876, du 27 nov. 1891.

(5) Lois organiques des 5 mai 1862, 3 déc. 1863, 21 fév. 1870.

(6) Lois des 5 juillet 1849, 28 juillet 1869.

(7) Loi du 11 février 1871.

(8) Loi du 6 juillet 1863.

(9) Il est appliqué en Angleterre, en Allemagne, en France, en Belgique, en Autriche, en Hongrie.

Malheureusement, l'unité finale des différents modes d'assistance n'a pas été en tout temps et partout nettement aperçue; très souvent, chacun d'eux a été organisé isolément sans qu'on songeât à lui assurer avec les autres la liaison nécessaire. Cela s'explique par l'évolution historique que nous avons retracée au début de ce chapitre. Au temps de la bienfaisance privée, les âmes charitables s'intéressaient moins à la misère même qu'à ses manifestations extérieures, elles songeaient à soulager celles des infortunes qui excitaient le plus leur pitié. Selon leurs inclinations, les bienfaiteurs donnaient à l'hospice ou à l'orphelinat, établissements indépendants qui s'ignoraient mutuellement. Héritant des institutions créées par l'initiative privée, la collectivité, suivant les traditions établies, se borna tout d'abord à utiliser ces institutions et à les perfectionner progressivement au gré des circonstances.

C'est ce qui s'est produit en France où, pendant longtemps, les services d'assistance suivirent des destinées diverses. Mais la création, au Ministère de l'Intérieur, d'une direction générale (1) et la formation d'un Conseil supérieur de l'Assistance publique (2), ont déterminé toute une série de réformes ayant pour but de transformer ces services conformément aux idées modernes et d'en amener progressivement la fusion et l'unification.

C'est par l'assistance médicale, précisément, que les réformes furent inaugurées.

---

(1) Décret du 4 novembre 1886, art. 3 ; cf. décrets 5 janvier 1889, 9 mars 1889, 22 septembre 1890.

(2) Décret du 14 avril 1888. Cf. décrets 15 janvier 1894, 9 mars 1898, 22 mai 1902.

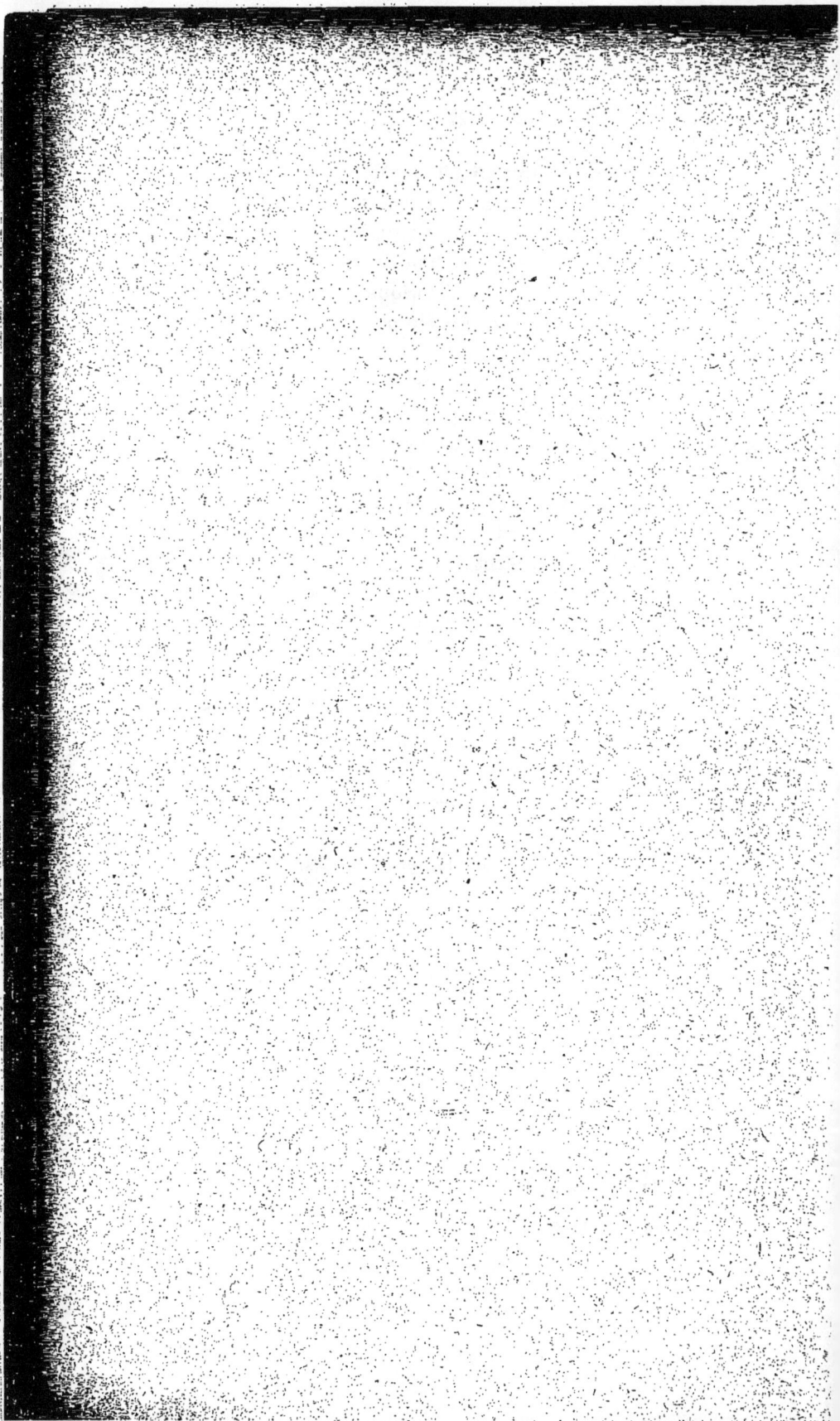

CHAPITRE II

Organisation métropolitaine de l'assistance médicale

SECTION I

Organisation précédant 1893

En France, l'organisation générale et méthodique de l'assistance médicale, suivant les principes que nous avons dégagés dans le chapitre précédent, est relativement toute récente puisqu'elle a été réalisée il y a vingt ans seulement.

Longtemps avant, sans doute, le décret-loi du 24 vendémiaire, an II, avait posé le principe (1) que tout malade privé de ressources, devait être secouru à son domicile ou à l'hospice le plus voisin; mais il avait omis de prescrire les mesures propres à assurer l'exécution de ses généreuses intentions. De sorte qu'après la Révolution, comme avant, les malades indigents restèrent abandonnés à la charité des établissements de bienfaisance. Or, en 1789, Necker estimait à 700 le nombre de ces établissements et à 105.000 celui des personnes qu'ils hébergeaient. La population de la France étant alors de 25 millions d'âmes, la proportion des individus secourus était de 4,2 o/oo. Proportion bien faible, qu'il faut réduire à 1 o/oo, pour l'assistance médicale; car, sur les 105.000 hospitalisés, il y avait 80.000 enfants et infirmes ne laissant de place qu'à 25.000 malades !

Pourtant rien ne fut entrepris pendant toute la première

---

(1) D.-L. du 24 vendémiaire an II, article 18 : « Tout malade, domicilié de droit ou non, qui sera sans ressources, sera reconnu ou à son domicile de fait ou à l'hospice le plus voisin. »

moitié du XIXᵉ siècle, pour remédier à cette situation lamentable. La législation s'est seulement occupée de modifier la réglementation des hôpitaux et hospices; à ce sujet la réforme la plus importante qu'il y ait lieu de noter, fut la réunion de tous les établissements de bienfaisance d'une même commune en une seule administration soumise à la surveillance immédiate des municipalités (lois du 16 vendémiaire, an V, du 28 pluviôse, an VII, du 7 floréal, an XIII) et du préfet (loi de pluviôse, an VIII).

En 1851, s'esquissa une réorganisation — mais combien timide et incomplète ! — dont l'économie se trouve contenue tout entière dans les trois articles suivants de la loi du 7 août :

ARTICLE PREMIER. — Lorsqu'un individu, privé de ressources, tombe malade dans une commune, aucune condition de domicile ne peut être exigée pour son *admission dans l'hôpital existant dans cette commune.*

ARTICLE 3. — Les malades... indigents des communes privées d'établissements hospitaliers *pourront* être admis aux... hôpitaux du département *désignés par le Conseil général,* sur la proposition du Préfet.

ARTICLE 4. — Les communes qui *voudraient* profiter du bénéfice de l'article 3 supporteront la dépense nécessaire pour le traitement de leurs malades... Toutefois, le département, dans les cas et proportions déterminés par le Conseil général, *pourra* venir en aide aux communes dont les ressources sont insuffisantes.

Le principe de l'assistance obligatoire s'introduisait dans notre législation, mais comme sournoisement, et sans que la plus grande partie du pays en pût bénéficier, car, cantonné dans les localités pourvues d'un hôpital, il ne trouvait son application, en 1892, que dans 1.211 communes (1). Et encore dans quelles conditions! (2). Tout le poids de l'assistance ainsi donnée reposait exclusivement sur le budget des établissements hospitaliers, aux capacités financières desquels elle se

---

(1) Conseil supérieur de l'assistance publique, fasc. 42.

(2) La pratique administrative avait réduit l'application de l'article 1ᵉʳ de la loi de 1851 aux cas de maladies aiguës. L'admission à l'hospice, obligatoire dans ces cas-là, était facultative pour les malades chroniques ou incurables. Cette façon de faire avait dû être adoptée pour ménager les ressources limitées des établissements. Cf. R. G. A. 1881. ELIE DE BIRAN, *loc. cit.*

mesurait. En réalité, le système ne fonctionnait à peu près convenablement que dans les très grandes villes dotées de riches fondations ou en état de subventionner largement leur hôpital. « En fait, à l'heure présente, disait M. le Dr Drouineau, inspecteur général de l'assistance publique, au Congrès international d'assistance de 1889..., il n'y a plus qu'une *assistance urbaine* dont la progression diminue en allant de la capitale, la cité hospitalière entre toutes, et dont l'inépuisable bienfaisance est admirable, aux grandes et généreuses villes : Lyon, Marseille, Bordeaux, Reims, Rouen, etc., jusqu'à de plus modestes, mais encore de quelque importance ». En effet, dans la plupart des villes privilégiées, on comptait à peine un lit de malade par mille habitants (1).

Quant aux communes rurales et aux bourgs, l'article 3 de la loi leur permettait bien d'envoyer leurs malades à l'hôpital voisin. Mais, outre que l'exercice de cette faculté était subordonné à la bonne volonté du Conseil général, bien rares étaient les conseils municipaux qui en usaient; la majorité se gardait de le faire, « faisant fonds sur l'humanité des administrateurs urbains et se débarrassant de leurs indigents malades sans avoir rien à payer pour les soins qui leur étaient donnés » (2).

Enfin, seuls, les soins hospitaliers étaient prévus et réglementés; on dédaignait les soins médicaux à domicile, si efficaces, si économiques (3), dont le législateur de l'an II avait cependant posé autrefois le principe (4).

Telle quelle, la loi du 7 août 1851 avait donc une portée restreinte et une efficacité relative. On s'en aperçut rapidement. Trois ans après sa promulgation, le Gouvernement tenta d'en compléter les dispositions. Par deux circulaires du 15 août 1854 (5), et du 22 août 1855 (6), le Ministre de l'Intérieur invita

---

(1) Cons. sup. de l'Assistance publique, fasc. 42.
(2) Rapport de M. le Dr DREYFUS-BRISAC. Cons. sup. de l'A. P., fasc. 22.
(3) L'article 17 prévoyait bien la distribution de secours à domicile faite par la Commission administrative des hospices, mais il ne s'agissait que de secours facultatifs à des vieillards restés dans leurs familles.
(4) V. art. 18 de la loi de l'an II cité à la note 1, p. 29.
(5) B. O. I., 1854, p. 367.
(6) B. O. I., 1855, p. 220.

les préfets à demander aux Conseils généraux les sommes nécessaires pour créer dans leurs départements un service médical gratuit en faveur des indigents des campagnes.

Cet essai, tenté en dehors de la loi, ne pouvait obtenir un succès complet. Il réussit néanmoins d'une façon très appréciable : à la veille de la loi de 1893, les quarante-neuf départements suivants avaient répondu au désir du gouvernement (1) : Aisne, Allier, Alpes-Maritimes, Ardennes, Ariège, Aude, Aveyron, Basses-Alpes, Basses-Pyrénées, Bouches-du-Rhône, Charente-Inférieure, Cher, Corèze, Deux-Sèvres, Doubs, Drôme, Gers, Gironde, Hautes-Alpes, Haute-Garonne, Haute-Loire, Haut-Rhin, Haute-Savoie, Hérault, Ille-et-Vilaine, Indre, Indre-et-Loire, Isère, Landes, Loire, Loire-Inférieure, Loiret, Lot, Maine-et-Loire, Manche, Meurthe-et-Moselle, Meuse, Nièvre, Oise, Pas-de-Calais, Saône-et-Loire, Sarthe, Seine-et-Oise, Somme, Tarn, Tarn-et-Garonne, Vaucluse, Vienne, Vosges. Mais, en réalité, les vingt et quelques mille communes de ces départements n'adhéraient pas toutes au service; un bon tiers s'étaient dérobées aux sacrifices demandés par les circulaires, que ne sanctionnait aucune disposition légale. L'éloquence persuasive de l'Administration, les encouragements pécuniaires prodigués par l'Etat, ne purent avoir raison de ces irréductibles.

« On a bien dit que les communes qui ne participaient pas au service de la médecine gratuite sont celles où les ressources des bureaux de bienfaisance abondent, ou bien où les indigents font défaut » (2). — « MM. les inspecteurs généraux de l'assistance publique se sont, d'après les instructions du Ministre de l'Intérieur, transportés dans quelques-unes de ces communes choisies au hasard et situées au Nord, à l'Est, au Midi, à l'Ouest, et au Centre de la France. En lisant [leurs rapports], on s'assurera qu'il n'est pas exact de dire que là où il n'existe aucune organisation d'assistance publique, c'est que l'organisa-

---

(1) Cons. sup. de l'A. P., fasc. 42.
(2) Cons. sup. de l'A. P. fasc., 9.

tion est inutile. Il est malheureusement certain qu'en France, dans les campagnes, un nombre considérable d'indigents malades ne reçoivent pas les secours médicaux » (1).

Il y avait là un état de choses qu'il convenait de modifier, mais, seule, la loi pouvait vaincre les résistances et généraliser le système des circulaires de 1854 et 1855.

Dès les premiers jours de la troisième République, quand l'Assemblée nationale se fut réunie, cette question fut une des premières qui appelèrent son attention. En septembre 1871, sur l'initiative de M. Lestourgiès, une commission fut chargée de rechercher les moyens d'organiser l'assistance publique dans les campagnes. Saisie en 1872 de deux propositions de loi de M. Eugène Talon et de MM. Th. Roussel et Morvan, la commission entreprit, avec le concours du Gouvernement, une enquête générale et élabora un projet de loi, que malheureusement, l'Assemblée nationale ne put voter, faute de temps (2).

M. Th. Roussel renouvelant, en 1876, sa proposition, la déposa sur le bureau de la Chambre des Députés. Rapportée favorablement par M. Waddington, elle fut repoussée à la suite de l'opposition énergique du Ministre des Finances, qui affirma que la loi proposée porterait atteinte à la situation financière de l'Etat (22 février 1877).

Dès lors, la question parut abandonnée et onze ans s'écoulèrent sans que le législateur fût sollicité d'aucune part de s'en occuper.

Elle fut reprise en 1888 par le Gouvernement. Le Ministère de l'Intérieur venait de créer le Conseil supérieur de l'Assistance publique; il orienta les études de la nouvelle assemblée sur l'organisation de la médecine gratuite. A la suite d'un remarquable rapport de M. le Dr Dreyfus-Brisac, le Conseil adopta les résolutions suivantes (3) :

(1) Exposé des motifs du projet de loi du Gouvernement.
(2) En réalité elle fut votée en première lecture au début de 1875 ; mais la deuxième délibération ne put avoir lieu avant que l'Assemblée Nationale se séparât.
(3) Ces résolutions sont d'accord avec les conclusions auxquelles nous avions abouti au chapitre précédent.

1° A défaut de la famille, les communes doivent l'assistance aux nécessiteux malades qui y ont leur domicile de secours. Plusieurs communes limitrophes peuvent s'associer en syndicat pour remplir ce devoir social.

2° Le service des secours à domicile et l'assistance hospitalière seront assurés dans chaque commune ou syndicat de communes par un bureau d'assistance publique.

3° Chaque département devra, dans un délai à déterminer, organiser au mieux des convenances locales, un système général d'assistance publique ; il établira le budget départemental d'assistance, fixera la part contributive des communes et déterminera le fonctionnement des services.

4° Les ressources de ce budget auront une triple origine :

a) le contingent communal obligatoire, fixé d'après la situation matérielle des communes et le nombre des indigents inscrits sur la liste de gratuité ;

b) une subvention du département ;

c) une subvention de l'Etat, s'il y a lieu.

Le bureau d'assistance pourra payer sur ses ressources propres tout ou partie du contingent communal.

5° Les conseils municipaux interviennent dans le fonctionnement du service, d'une part par la nomination d'une partie des membres du bureau, conformément à la loi du 5 août 1879, d'autre part par l'avis qu'ils sont appelés à donner conformément à l'article 70 de la loi du 5 avril 1884 sur les budgets et comptes du bureau, enfin par la fixation de la liste des indigents.

6° La législation du domicile de secours devra être modifiée..... (1).

7° Au cas où le département n'aurait pas, dans le délai fixé, organisé son système d'assistance, le Gouvernement devra lui

---

(1) Tout ce qui concerne le domicile de secours sera longuement étudié dans le chapitre I de la 3ᵉ partie.

imposer d'office un règlement. Il y a donc lieu de préparer à cet effet un règlement modèle.

8° L'assistance médicale doit être organisée de telle sorte que chaque commune soit rattachée à un dispensaire et à un hôpital.

9° Les malades ne doivent être hospitalisés qu'en cas de nécessité.

En même temps, un congrès international d'assistance publique, réuni à l'occasion de l'exposition universelle, se tenait à Paris, les 28, 29, 30 et 31 juillet 1889. Le congrès, faisant siennes les théories du Conseil supérieur, vota la motion suivante (1) :

« L'assistance publique doit être rendue obligatoire par la loi en faveur des indigents qui se trouvent temporairement ou définitivement dans l'impossibilité physique de pourvoir aux nécessités de l'existence.

« L'assistance médicale obligatoire comprend les soins médicaux et la fourniture des remèdes à domicile ou à l'hôpital. L'indigent malade ne doit être hospitalisé que s'il est établi qu'il est impossible de le soigner utilement à domicile.

« L'assistance médicale est due, à défaut de la famille, par l'unité administrative la plus petite, commune ou paroisse, à ceux des indigents malades qui ont chez elle leur domicile de secours. C'est elle qui doit dresser la liste des indigents admis à l'assistance médicale. Cette liste doit être toujours révisable. La commune ou paroisse doit être financièrement intéressée à sa limitation. Plusieurs communes ou paroisses doivent pouvoir se syndiquer pour assurer l'assistance médicale.

» L'organisation doit être faite par l'unité administrative supérieure à celle de la commune ou de la paroisse. Elle doit être telle que les communes ou paroisses plus riches aident les communes ou paroisses plus pauvres, que les départements ou provinces ou cercles plus riches aident les départements ou

---

(1) Presque tous les membres du Conseil supérieur assistèrent à ce Congrès et prirent part à la discussion.

provinces ou cercles plus pauvres, le tout avec le concours financier et le contrôle effectif de l'Etat ».

Sur ces bases, le Gouvernement soumit aux délibérations des Chambres un projet de loi (1) qui, après trois ans d'intéressantes discussions, devint la loi du 15 juillet 1893.

*
* *

SECTION II
La loi du 15 juillet 1893

Dès l'article premier, la portée de la loi est nettement précisée : « *Tout Français privé de ressources reçoit gratuitement de la commune, du département ou de l'Etat, suivant son domicile de secours, l'assistance médicale à domicile, ou s'il y a impossibilité de le soigner utilement à domicile, dans un établissement hospitalier.* » Ainsi est réglé, d'une façon générale, à qui, par qui et comment l'assistance est due ; examinons un peu plus en détail chacun de ses termes.

A. — Désormais, plus de distinction de lieu comme sous l'empire de la loi de 1851 : le secours médical est dû au malade, en quelque endroit qu'il se trouve, à la seule condition qu'il soit français et indigent ; le malade ne tombe toutefois à la charge de la charité publique qu'en dernier recours (2), s'il n'y a personne qui lui doive assistance (3).

Comment l'état d'indigence est-il constaté ? — Ce soin a été confié, en ce qui concerne les pauvres ressortissant aux communes, à des *bureaux d'assistance*, formés dans chaque municipalité, « par les commissions administratives réunies de l'hospice et du bureau de bienfaisance, ou par cette dernière seulement quand il n'existe pas d'hospice dans la com-

---

(1) Déposé sur le bureau de la Chambre, le 5 juin 1890.
(2) « L'Assistance publique n'est due qu'à défaut d'autre assistance ». Cons. sup. de l'A. P., résolutions du 19 mars 1898.
(3) Article 2.

mune » (1). Tous les ans le bureau d'assistance fait le récolement des indigents domiciliés (2), et en dresse la liste qu'il soumet au conseil municipal; cette liste est arrêtée, pour l'année, par le conseil (3), mais, en cas d'urgence, le bureau d'assistance et, à son défaut, le Maire, peuvent inscrire provisoirement un malade (4). Tout habitant ou contribuable de la commune est admis à formuler des observations sur l'établissement et la composition de la liste (5); en cas de conflit, les contestations sont jugées souverainement par une commission cantonale, composée du sous-préfet de l'arrondissement, du conseiller général, d'un conseiller d'arrondissement, du juge de paix du canton (6). En ce qui concerne les individus sans domicile communal, leur admission aux secours est prononcée, quand les circonstances l'exigent, par le préfet du département où ils se trouvent (7).

Le bénéfice de l'assistance médicale est réservé aux Français, et parmi eux évidemment, il faut compter non seulement les citoyens français, mais encore les sujets français (8); il ne peut être étendu, d'après le dernier aliéna de l'article premier, qu'aux étrangers dont la nation d'origine a passé un traité de réciprocité avec la France. « Il n'a pas paru possible d'étendre en faveur des étrangers l'obligation de l'assistance médicale. Une telle règle ne pourrait être admise qu'autant que nous, Français, nous serions assurés de la réciprocité. Et quelle serait l'autorité du Gouvernement pour discuter sur ce point avec un puissance étrangère, pour obtenir d'elle, en échange

---

(1) Art. 10 § 2. S'il n'y a pas de bureau de bienfaisance, il est institué, dans les mêmes formes, un bureau d'assistance ayant tous les droits du bureau de bienfaisance.

(2) Art. 12.

(3) Art. 14.

(4) Art. 13.

(5) Art. 16.

(6) Art. 17 et 18.

(7) Art. 23.

(8) Cela n'est dit explicitement nulle part ; mais cela résulte logiquement de la loi. En effet les étrangers seraient mieux traités que nos sujets, car il est possible à leur nation de signer un traité de réciprocité. Nos sujets seraient exclus sans appel du bénéfice de l'assistance médicale.

des soins donnés à ses nationaux, des avantages égaux en
faveur des Français résidant chez elle, si d'avance la loi avait
fait une obligation d'accorder gratuitement les secours médicaux à tous les étrangers pauvres ? (1) « Ces motifs sont absolument irréfutables, *en principe*, mais, en fait, on peut se
trouver en présence d'un étranger gravement atteint qu'il
serait, d'une part, inhumain d'expulser et, d'autre part, dangereux pour la santé publique, sinon immoral, de laisser privé
de soins. Il est vrai que, d'après la discussion de la loi de
1851 (2), l'article premier de cette loi serait applicable en
pareille circonstance ; mais il faut considérer que les localités
pourvues d'un établissement hospitalier constituent une infime minorité. Nous reviendrons d'ailleurs, sur cette question
de l'assistance aux étrangers, qui présente, en Algérie, un
caractère de particulière importance.

B. — L'assistance est assurée par la commune, le département ou l'Etat suivant le domicile de secours. Sans nous attar-
der davantage à cette grosse question que nous nous proposons
d'étudier spécialement dans un chapitre de la deuxième partie
(3), disons tout de suite que ce domicile s'acquiert dans une
commune par une résidence d'un an et, dans un département
par une résidence d'égale durée mais à défaut de domicile
communal (4); il se perd dans l'une comme dans l'autre par
une absence d'un an (5). Il n'y a pas de domicile national; les
indigents qui sont à la charge de l'Etat sont ceux qui ne ressortissent ni à une commune ni à un département (6). En fait,
l'assistance communale est la règle et l'assistance départementale ou nationale l'exception.

(1) Exposé des motifs du projet de loi du Gouvernement.
(2) Cela résulte nettement des déclarations du rapporteur, M. de Melun :
« Qu'il ne soit pas dit que, sur la terre de France, on demande à l'entrée de
l'hôpital, non plus les plaies et les douleurs, mais le passeport du malheureux ! »
(3) V. *infra*, chapitre I de la 2e partie.
(4) Articles 6 et 8 § 1.
(5) Article 7.
(6) Article 8 §.2.

A l'Etat et aux départements et communes du domicile de secours, il faut ajouter des groupes de personnes morales concourant à l'assistance. D'abord, l'hôpital, restant soumis à l'article premier de la loi de 1851 (1), doit admettre gratuitement les indigents tombés malades sur le territoire de sa commune. Ensuite, et en cas d'accident ou de maladie aiguë et à défaut d'établissement hospitalier, la commune où s'est produit l'accident ou la maladie doit assurer le *soignage* des personnes qui n'y sont pas domiciliées (2); elle ne peut se faire rembourser par qui de droit des frais ainsi avancés que déduction faite des 10 premiers jours de traitement, ces dix jours restant à se charge (3).

Pour contrebalancer l'inégalité des charges et des facultés financières des municipalités, les départements, outre les frais que leur impose le traitement de leurs malades, sont tenus d'accorder aux communes obligées de recourir à des centimes additionnels ou à des taxes d'octroi, des subventions d'autant plus fortes que leur centime sera plus faible et variant entre 10 et 80 % du produit de ces centimes (4).

Enfin, pour équilibrer la répartition entre les départements, l'Etat doit concourir aux dépenses départementales par des subventions variant de 10 à 70 % du total de ces dépenses couvertes par des centimes additionnels et calculées en raison inverse de la valeur du centime départemental par kilomètre carré (5).

C. — Les soins médicaux sont donnés à domicile ou à l'hôpital, mais on ne doit recourir à l'hospitalisation que quand il y a impossibilité de faire autrement ; sur ce point le législateur revient deux fois avec force (6). Ce mode d'assistance est

---

(1) Article 25 § 2.
(2) Article 20. Cf. Loi allemande du 6 juin 1870.
(3) Article 21. Cf. Loi belge du 17 novembre 1891. — Loi allemande du 12 mars 1894.
(4) Article 28.
(5) Article 29.
(6) A l'article 1er et à l'article 3.

en effet le plus moral, mais « la raison capitale, décisive », qui
l'a fait adopter « comme la règle générale, c'est l'économie
énorme qu'il réalise sur le traitement à l'hôpital.... Si on veut
que la loi soit appliquée et atteigne le but qu'on se propose, il
faut s'attacher à la faire fonctionner aux moindres frais possi-
bles » (1). Il faut ajouter que l'expression *à domicile* ne signifie
pas forcément *à son domicile* ; « l'envoi d'un malade à l'hôpital ne devra être opéré que s'il y a impossibilité absolue de le
soigner utilement à son domicile, ou à celui d'un de ses parents
ou de ses amis » (2).

Qu'il s'agisse d'un mode d'assistance ou de l'autre, les collectivités doivent recourir à des intermédiaires qualifiés, c'est-à-
dire, à des services organisés en vue du soignage des malades.
L'organisation de ces services n'a pas été laissée aux communes. Ce sont les Conseils généraux qui en ont été chargés (3);
la loi leur a laissé toute latitude sur ce point pour leur permettre
de choisir les moyens les plus simples, les mieux appropriés
aux besoins de la région (4).

En ce qui concerne le service hospitalier, la tâche de l'assemblée départementale était en somme assez limitée : elle se bor-
nait à *rattacher* les communes aux hospices et hôpitaux existant
déjà dans le département, à créer des *circonscriptions hospitalières.*

En ce qui concerne l'assistance à domicile, nous avons vu
précédemment que, antérieurement à la loi de 1893 sur les ins-
tances de l'administration, quarante-neuf départements avaient
créé un service médical ; pour se conformer à la nouvelle loi,
il leur a suffi de refondre ces organisations en y englobant les
communes qui avaient jusqu'alors refusé leur adhésion (5).
Les autres départements, s'inspirant de l'expérience de leurs
devanciers, ont adopté un des trois systèmes suivants :

(1) Rapport de M. E. Rey.
(2) Règlement départemental de la Corrèze, article 12.
(3) Article 4, § 12.
(4) Voir la note, au bas de la page 24, où est citée une partie du rapport
de M. le Dr Dreyfus-Brisac à ce sujet.
(5) Cf. *suprà*, p. 29 et suivantes.

1° Le système de la médecine cantonale (1) qui est le plus ancien : dans chaque canton un médecin est désigné par le préfet pour soigner gratuitement tous les indigents du canton, il reçoit une somme forfaitaire calculée proportionnellement à l'étendue du canton et au chiffre des indigents.

2° Le système de la circonscription médicale : c'est le système précédent perfectionné, où le canton est remplacé par une circonscription délimitée suivant les nécessités du service et en tenant compte de la configuration du terrain, des moyens de communication, etc....

3° Dans le troisième système (2), il n'y a pas de circonscriptions ni de médecins officiels : tous les médecins, pharmaciens et sages-femmes qui adhèrent à un tarif fixé par le préfet font partie du service; ils sont rétribués par visites et indemnisés de leurs déplacements; les malades peuvent faire appel à ceux des praticiens du service qu'ils veulent.

Les dépenses de fonctionnement du service sont payées par le département qui peut faire appel, dans une proportion déterminée par le Conseil général, à la contribution des communes. Ces dépenses entrent en ligne de compte dans le calcul des subventions départementales et nationales dont il a été question en B.

*
* *

SECTION III

Les établissements hospitaliers.

La loi du 15 juillet 1893, créant légalement l'assistance à domicile, s'est contentée pour l'assistance hospitalière, d'utiliser l'organisation existant précédemment. Il en résulte qu'aujourd'hui, le service de l'assistance médicale est assuré de deux

(1) Inauguré en Alsace, où il a toujours fonctionné.
(2) *Système landais* ou *vosgien*, inauguré en 1856 dans le département des Landes, appliqué et perfectionné dans le département des Vosges.

manières : en régie départementale pour les secours à domicile; à l'entreprise, pour les secours hospitaliers. Ceux-ci restent monopolisés par des établissements publics spéciaux pourvus de la personnalité civile, ayant leur organisation particulière, possédant des ressources propres et qui traitent à forfait, — moyennant un prix de journée fixé par le préfet, — les indigents malades des diverses collectivités (1).

Nous avons vu que la loi du 16 vendémiaire an V, qui a conservé les hôpitaux dans la jouissance de leurs biens, avait confié à une commission administrative unique la gestion des divers établissements hospitaliers existant sur le territoire d'une même commune (2). Cette mesure, complétée par l'arrêté du 23 brumaire an V, qui réunit en une seule masse les revenus des dits établissements, a eu pour effet de supprimer la personnalité propre de chacun d'eux et de créer une personne morale unique les englobant tous.

A l'heure actuelle, l'administration des hôpitaux est soumise aux lois du 7 août 1851; 21 mai 1873 et 5 août 1879. Elle est confiée à une commission administrative composée du maire ou de l'adjoint faisant fonctions de maire, président (3), de quatre membres nommés par le préfet et de deux, élus par le Conseil municipal (4). Les fonctions des commissaires sont gratuites (5), mais comptent comme services publics (6). Les femmes peuvent être désignées par le préfet pour faire partie de ces commissions, mais ne peuvent être élues par le Conseil municipal, l'article 5 de la loi de 1879 exigeant pour cette élections les conditions ordinaires d'éligibilité (7).

La commission administrative a un double pouvoir d'exécution et de délibération. Elle exerce le pouvoir d'exécution par

---

(1) Sauf ceux de la commune où ils se trouvent qu'ils traitent gratuitement.
(2) V. suprà, p. 28.
(3) Loi du 21 mai 1873, art. 3.
(4) Loi du 21 mai 1873, art. 1 mod. p. la loi du 5 août 1879.
(5) Loi du 21 mai 1873, art. 3 § 3.
(6) Ordonnance du 30 octobre 1821, art. 7.
(7) Avis du Conseil d'Etat du 6 août 1898 ; Circulaire du Ministre de l'intérieur du 9 sept. 1898 ; art. 4 de la loi du 5 août 1879.

l'intermédiaire de certains de ses membres. Le président est le représentant naturel de l'établissement : il est chargé de tous les actes conservatoires relatifs aux libéralités (1); este en justice (2); signe tous les actes, ventes, acquisitions, baux, etc... Un membre quelconque de la commission, désigné par ses collègues, est, sous le nom d'*ordonnateur*, chargé d'ordonnancer les dépenses (3). Enfin, à tour de rôle, les membres de la commission, remplissent les fonctions d'*administrateur de service*, pour exercer la surveillance effective de l'hôpital et assurer l'expédition des affaires courantes (4).

La commission peut prendre trois sortes de délibérations : 1° les unes immédiatement, exécutoires par elles-mêmes; 2° d'autres, exécutoires également par elles-mêmes au bout d'un certain délai pendant lequel elles peuvent être annulées par le préfet; 3° d'autres dont l'exécution est subordonnée à l'approbation de l'autorité supérieure. Dans les premières, on range les délibérations relatives au placement des fonds libres en rentes sur l'Etat, l'admission gratuite des vieillards, la nomination du personnel et des conseils juridiques. Les secondes sont celles qui concernent le mode d'acquisition des biens et revenus, le règlement des baux et affermages n'excédant pas dix-huit ans pour les biens ruraux et neuf ans pour les autres, les conditions de marchés, de fournitures ou d'entretien d'une durée inférieure ou égale à un an, et les travaux de moins de 3.000 francs (5). Les délibérations rentrant dans la troisième catégorie sont celles qui touchent à tous les cas non énumérés ci-dessus (6).

La commission administrative est assistée de trois personnels : le personnel administratif, composé, exceptionnellement

(1) Ordonnance du 2 avril 1817, art. 5.
(2) Cass. 21 août 1871, Hasp. de Nonay. Cour de Bordeaux, 2 juillet 1890. D'après M. BLOCK (Dictionnaire d'administration) c'est à la requête de la Commission administrative même que devrait être suivies les affaires de justice.
(3) Décrets 7 Floréal an XII et 31 mai 1882, art. 555.
(4) Instruct. ministér. 23 fév. 1823.
(5) Art. 8, Loi du 7 août 1851.
(6) Art. 9, même loi.

d'un directeur, d'un secrétaire, d'un économe, d'un receveur, d'employés de bureaux; le personnel médical comprenant les médecins et chirurgiens et les élèves-internes; le personnel de service, surveillantes, infirmiers et infirmières, filles de salles, etc... Les uns et les autres sont nommés et révoqués par la commission, sauf : 1° le receveur qui, pour les établissements ayant moins de 3oo.ooo francs de revenus, est obligatoirement le receveur municipal de la commune, et, pour les établissements plus riches, est nommé par le préfet (1); 2° les médecins et chirurgiens qui, nommés par la commission, ne peuvent être révoqués que par le préfet (2).

Le budget est délibéré par la commission administrative (3). Il est examiné par le conseil municipal, même s'il n'alloue aucune subvention à l'établissement (4). Il est approuvé par le préfet, à moins qu'il n'atteigne trois millions (5); en ce cas, il ne peut être réglé que par le chef de l'Etat (6). Après la clôture de l'exercice, fixée au 31 mars, l'ordonnateur établit le compte financier (7), le soumet à la commission qui en délibère (8); après examen du conseil municipal (4), ce compte est définitivement arrêté par le préfet, quel qu'en soit le montant (9).

Les ressources des établissements de bienfaisance sont :

1° celles provenant de leurs biens immobiliers et mobiliers, qui sont des ressources de droit commun (loyer, fermages, produits des exploitations, revenus de rentes, valeurs et créances), et qui constituent, à proprement parler, leur patrimoine;

_____

(1) Ordonnance du 31 oct. 1821, art. 24 ; loi 7 août 1851, art. 14; art. 1220 de l'Inst. générale du 20 juin 1859; décret du 31 mai 1862, art. 558 et 559 ; décrets du 8 octobre 1899 ; loi du 21 mai 1873, article 6.

(2) Loi du 7 août 1851, art. 14.

(3) Loi du 7 août 1851, art. 12. Décret 31 mai 1862, art. 551.

(4) Lois du 18 juillet 1837, art. 21 : 7 août 1851. art. 10 ; 5 avril 1884, art. 70.

(5) Déc. 25 mars 1852 ; 31 mai 1862, art. 553.

(6) Loi 5 avril 1884, art. 145, et 7 août 1851, art. 12.

(7) Instruct. générale, 20 juin 1859, art. 1052, 823, 824, 825, 826, 827, 828, 829, 830, 831, 833, 835, 836, 837, 838, 839.

(8) Décret 31 mai 1862, art. 556.

(9) Décret 25 mars 1852.

2° la part du produit du droit des pauvres qui leur est attribuée par le préfet après avis du conseil municipal;

3° la part du produit des concessions de cimetières attribuée par le préfet, après avis du conseil municipal;

4° les subventions ordinaires des communes;

5° des subventions accidentelles;

6° les dons et legs;

7° le remboursement par les collectivités du domicile de secours des frais de traitement de leurs indigents;

8° le remboursement, par les intéressés ou des tiers responsables, des frais de traitement des malades payants (1).

De ce qui précède, il résulte bien que les hôpitaux jouissent d'une personnalité civile parfaite ; ils ont des ressources propres; ils sont dirigés et représentés par des administrations spéciales. Et cependant ils sont rattachés par des liens plus ou moins étroits à deux collectivités politiques, l'Etat et la commune.

L'Etat s'est réservé le droit, non de les fonder, mais de leur dispenser l'existence légale (2), de nommer une partie de leurs administrateurs, de surveiller leur gestion et, soit directement, soit par l'intermédiaire du préfet, de les tenir en tutelle pour certains actes.

Bien qu'appelés par les lois de 1851 et de 1893 à hospitaliser des personnes étrangères à la commune, ils répondent surtout à un intérêt local; ils ont été créés pour les pauvres de la ville, qui bénéficie du traitement gratuit de ses indigents. C'est pour-

---

(1) Loi du 16 vendémiaire an V ; loi du 8 ventôse an XII ; loi du 4 ventôse an IX ; lois 7 frimaire, 1er floréal, 8 thermidor an V ; loi 6e jour complémentaire an VIII ; lois de f. 25 mars 1817, 7 juillet 1840, 3 août 1875, etc. ; loi du 15 juillet 1893.

(2) Cela résulte de textes très anciens, notamment les édits de décembre 1666 et août 1749. La loi du 7 frimaire an V avait bien autorisé les communes à créer des bureaux de bienfaisance, or on avait conclu à l'abrogation des édits susvisés. Mais une circulaire ministérielle du 5 mai 1852 a fait observer que ces édits restaient en vigueur pour les établissements autres que les bureaux de bienfaisance, qui sont d'ailleurs soumis aujourd'hui au droit commun.

quoi la commune a, sur l'administration des hôpitaux, une part d'influence importante, influence morale, mais non pouvoir de direction : le maire est président de droit de la commission administrative; le conseil municipal nomme deux administrateurs et émet son avis sur le budget et le compte administratif; c'est pourquoi aussi, on qualifie à bon droit ces établissements d'établissements communaux.

« On pourrait définir le régime auquel sont soumis les établissements hospitaliers communaux et les bureaux de bienfaisance, au point de vue des rapports qui les unissent à l'Etat ou à la commune, une autonomie, dont le pouvoir d'agir est restreint par les lois et règlements, qui les placent sous la surveillance et le contrôle, mais non sous la direction de l'Etat et de la commune. Au point de vue spécial de leurs relations avec la commune, on a dit qu'ils constituaient non des dépendances, mais des démembrements de l'administration communale » (1).

Cette constatation est très importante, car nous verrons que le caractère de la plupart des hôpitaux algériens est tout différent de celui des hôpitaux métropolitains (2).

*
* *

SECTION IV

L'Assistance médicale à Paris.

Nous ne saurions abandonner l'examen de la législation française, sans jeter un coup d'œil sur une organisation spéciale et très intéressante : l'administration de l'assistance publique à Paris (3).

Dans la vaste et populeuse capitale, le paupérisme a, plus

(1) DERQUIN, DORY, WORMS, *Traité d'Assistance publique*, t. I, p. 103.
(2) V. *infrà*, au chapitre II de la 2ᵉ partie.
(3) La Ville de Paris n'est pas seule à être dotée d'une organisation à part; la Ville de Lyon se trouve également dans une situation spéciale.

que partout ailleurs, trouvé un champ de culture favorable. Les institutions de bienfaisance s'y sont naturellement mieux développées et perfectionnées que sur tout le reste du territoire; l'agglomération, dans un espace relativement restreint, d'une véritable armée de pauvres, a obligé les pouvoirs publics à doter la Ville d'un service spécial et fortement organisé pour secourir cette masse et l'empêcher de devenir un danger au point de vue sanitaire comme au point de vue social.

De très bonne heure, on a compris l'efficacité de la coordination des efforts. Louis XIV avait confié la gestion des établissements hospitaliers parisiens, à deux administrations (1); la loi du 16 vendémiaire an V, les réunit en une seule organisation maintenue par l'arrêté des Consuls du 27 nivôse an IX. Le 29 germinal an IX, le *Conseil général des hospices* se vit attribuer l'administration des secours à domicile. Enfin, la loi du 10 janvier 1849 a réalisé la centralisation de tous les services de bienfaisance en instituant l'*Administration Générale de l'Assistance publique de Paris.* Cette loi, abrogée un instant, du 29 septembre 1870 (2) au 10 juin 1871 (3), est encore en vigueur, à l'heure actuelle (4).

L'Administration Générale de l'Assistance publique, placée sous l'autorité du préfet de la Seine et du ministre de l'Intérieur, est confiée à un directeur responsable, assisté d'un conseil de surveillance (5).

Ce fonctionnaire, nommé par le ministre de l'Intérieur, sur la proposition du préfet de la Seine (6), exerce son autorité

---

(1) *L'Hôtel-Dieu,* vieille institution parisienne et le *Grand Hôpital.* Le roi avait réalisé une sorte d'unité, en abandonnant l'Hôtel-Dieu à une sorte de Conseil supérieur, composé des mêmes personnages placés à la tête de l'Hôpital Général.

(2) Le décret du 29 septembre 1870 du Gouvernement de la Défense Nationale avait scindé en deux l'administration de l'Assistance, revenant au système de la loi de Germinal an IX.

(3) Le décret de 1870 fut rapporté par un arrêté du chef du Pouvoir exécutif du 10 juin 1871, dont la légalité est douteuse.

(4) Les deux textes dont il est question notes 2 et 3 ont été rapportées par la loi du 21 mai 1873, art. 11.

(5) Loi du 10 janvier 1849, art. 1.

(6) Loi du 10 janvier 1849, art. 2.

sur les services intérieurs et extérieurs (1); il prépare le budget, ordonnance les dépenses et présente le compte de son administration (1); il représente les établissements hospitaliers et de secours à domicile en justice, soit en demandant, soit en défendant (1); il a la tutelle des enfants trouvés, abandonnés et orphelins (1); il était le curateur des aliénés assistés avant que le décret du 16 août 1894 n'eût transféré à la Préfecture de la Seine le service des aliénés (1); il est membre de droit du Comité consultatif d'hygiène publique de France, du Comité départemental de la protection des enfants du premier âge, et du Conseil supérieur de l'assistance publique (2).

Le Conseil de surveillance est composé : du préfet de la Seine, président (3); du préfet de police; de deux membres du Conseil municipal; de deux maires d'arrondissements; de deux administrateurs des Comités d'assistance des arrondissements municipaux; d'un conseiller d'Etat ou d'un maître des Requêtes; d'un membre de la Cour de Cassation; d'un médecin des hôpitaux en exercice; d'un professeur à la Faculté de médecine; d'un membre de la Chambre de Commerce; d'un membre d'un des conseils de prud'hommes; et de cinq membres pris en dehors des catégories précédemment indiquées (4).

Les membres du Conseil de surveillance autres que les deux préfets sont nommés par le Président de la République sur la proposition du ministre de l'Intérieur (5).

Le Conseil délibère à titre consultatif sur : les budgets et les comptes, et, en général, toutes les recettes et dépenses; les acquisitions, échanges, ventes, et tout ce qui intéresse l'amélioration des propriétés; les conditions des baux à ferme ou à loyer, des biens affermés ou loués; les projets de travaux neufs, de grosses réparations ou de démolitions; les cahiers des charges des adjudications, et l'exécution des conditions y insérées; l'acceptation ou la répudiation des dons et legs; le placement

(1) Loi du 10 janvier 1849, art. 3.
(2) Décret du 11 mars 1901.
(3) Arrêté du Président de la République du 24 avril 1849, art. 1er et 4.
(4) Arrêté du Président de la République du 24 avril 1849, art. 1er.
(5) Arrêté du Président de la République du 24 avril 1849, art. 2.

des fonds et des emprunts; les actions judiciaires et les transactions; la comptabilité tant en deniers qu'en matières; les règlement des services intérieurs des établissements et du service de santé, et l'observation desdits règlements; toutes les questions de discipline intéressant les médecins, chirurgiens et pharmaciens; et, en général, sur tous les sujets qui lui seraient soumis par le Directeur et par l'autorité supérieure (1).

Le Directeur a sous ses ordres tout le personnel de l'administration centrale, de l'inspection et celui des établissements (2).

Les médecins, chirurgiens et pharmaciens des hôpitaux et hospices ou attachés au service des secours à domicile sont recrutés au concours (3); leur nomination est soumise (3) à l'approbation du ministre de l'Intérieur; ils ne peuvent être révoqués que par le même ministre, sur l'avis du conseil de surveillance.

Les employés de tout grade, tant de l'administration centrale et de l'inspection que des établissements, ayant droit à une pension de retraite, les architectes et inspecteurs de travaux, les préposés et médecins du service des enfants trouvés, sont nommés ou révoqués par le préfet, sur une liste de trois candidats présentés par le directeur (4).

Les surveillants et gens de service sont nommés par le directeur (5).

Les ressources de l'Administration générale de l'Assistance sont : 1° les ressources propres (loyers, etc..., revenus divers); 2° le cinquième du prix des concessions dans les cimetières et du produit de la taxe qui frappe les inhumations ultérieures; 3° les *bonis* des monts-de-piété; 4° les produits intérieurs, comprenant principalement les remboursements par les intéressés ou des tiers des frais de séjour dans les établissements; 5° la subvention municipale.

(1) L. 10 janv. 1849, art. 5.
(2) Arr. Prés. de la Rép. 24 av. 1849, art. 6 § 1.
(3) L. 10 janv. 1849, art. 6 et 7.
(4) Arr. Prés. de la Rép. du 24 av. 1849, art. 6 § 2.
(5) Arr. Prés. de la Rép. du 24 av. 1849, art. 6 § 3.

L'Administration Générale de l'Assistance publique de Paris a la personnalité civile au même titre que les établissements de bienfaisance de la province : elle a des revenus propres, une direction et une représentation spéciale; peut ester en justice, etc...

Quelle est la situation de la Ville au regard de la loi de 1893 ? Cette question est assez obscure. M. H. de Pontich considère comme douteux que la loi lui soit applicable (1); cependant aucune disposition du texte, aucun passage des débats parlementaires, ne permet cette opinion. En fait, Paris n'a pas appliqué la législation nouvelle. « Il est à remarquer, d'ailleurs, qu'elle aurait pour seul résultat d'autoriser la Ville de Paris à avoir une organisation spéciale. Or, en conservant son organisation, Paris perdrait le droit, suivant la jurisprudence ministérielle, à toute subvention de l'Etat, et ses hôpitaux n'obtiendraient, sans doute, la faculté de recouvrer des prix de journée pour le traitement des malades n'ayant pas le domicile de secours à Paris, que sur les communes qui se seraient rattachées aux hôpitaux parisiens » (2).

En somme, la loi de 1893 n'apporterait à ce service médical parisien aucune amélioration, puisque les secours à domicile ont été organisés dans la ville bien avant 1893 et qu'ils fonctionnent admirablement. Son seul effet pratique serait d'imposer l'établissement d'une liste d'assistance dont la réalisation serait impossible (3,4).

---

(1) M. BLOCK et ED. MAGÉRO, *Dictionnaire de l'Administration française*, au mot PARIS, nᵒˢ 195 et suiv. (édit. de 1905).

(2) DEROUIN, GORY, WORMS, *Traité d'Assistance publique*, t. II, p. 156.

(3) Conseil sup. de l'Assistance publique séance du 5 mars 1895, fasc. nᵉ 51, Déclaration de M. P. Strauss.

(4) La Ville de Lyon a également une organisation spéciale des services d'assistance ; pas plus qu'à Paris, la loi de 1893 n'y est appliquée.

CHAPITRE III

L'Assistance médicale en Algérie

Lorsqu'en 1830, les Français débarquèrent en Algérie, ils se trouvèrent en présence de populations cristallisées depuis des siècles dans la barbarie des premiers âges, ne possédant rien qui rappelât, de près ou de loin, nos institutions d'assistance médicale (1). Et cependant ces institutions n'auraient pas été superflues ! Dans les campagnes, les marécages croupissant, les ruisseaux bourbeux faisaient régner la malaria sur les gens des plaines et des vallées; la saleté et la promiscuité où vivaient familles et tribus, faisaient fleurir sur tout. le territoire, ophtalmies, syphilis, typhus, variole et autres maladies contagieuses, que transportaient de groupes en groupes les voyageurs et les caravanes. Dans les villes, l'entassement des habitants, tout aussi malpropres que les campagnards, l'étroitesse des ruelles ignorées du soleil, l'accumulation des ordures abandonnées partout, constituaient un milieu d'élection pour les germes pathogènes les plus variés qui pullulaient.

Les nouveaux venus ne pouvaient avoir, dès l'abord, la prétention de répandre les bienfaits de la médecine européenne parmi les indigènes, avec lesquels, d'ailleurs, ils se trouvaient encore en état de guerre. Ils avaient assez, au surplus, à s'occuper d'eux-mêmes à ce point de vue, car l'insalubrité du climat et le contact avec la population autochtone n'avaient pas tardé à semer la maladie parmi eux.

Composés des militaires du corps expéditionnaire et de

---

(1) Cependant à l'apogée de la puissance arabe, les hôpitaux prospéraient en Afrique, comme en Espagne. Mais que restait-il aux Berbères plus ou moins arabisés de la brillante civilisation musulmane ?

quelques aventuriers venus à la remorque de l'armée, les premiers immigrants reçurent, très naturellement, des médecins militaires tous les soins dont ils pouvaient avoir besoin. Les civils prirent ainsi l'habitude de recourir au *major* en cas de maladie; et ils la conservèrent lorsque de nouveaux éléments vinrent grossir leurs rangs. A la vérité, dans ces moments où notre domination incomplète et mal assurée sur un pays hostile nous obligeait à tenir campagne, notre occupation ressemblait moins à une entreprise de colonisation qu'à l'établissement d'un camp retranché. Les civils restaient prudemment sous la protection immédiate des troupes : ils s'établissaient surtout dans les grandes villes dont la sécurité était assurée par de fortes garnisons, ou bien les plus audacieux se fixaient dans l'intérieur près des postes avancés où ils trouvaient secours à la fois contre les rôdeurs et contre la maladie. L'autorité militaire, chargée d'administrer la colonie, établissait des hôpitaux, des infirmeries, des ambulances, où soldats et non soldats étaient traités avec un égal dévouement par le Service de Santé de l'armée.

Mais l'essor de la jeune Colonie se poursuivit. Après les campagnes heureuses du maréchal Bugeaud, qui avait dompté les tribus belliqueuses et relativement assuré la sécurité sur le territoire intégralement conquis, à l'exception de la Kabylie, l'immigration s'accrut et les arts de la paix prirent, au premier rang, la place qu'avaient occupée jusqu'alors les durs travaux de la guerre. Les villes se peuplèrent; dans la campagne, les colons se répandirent de proche en proche; les fermes s'écartèrent des *bordjs* et se groupèrent en villages. Aux premiers débarqués cultivant eux-mêmes leurs champs, des travailleurs salariés vinrent offrir le concours de leurs bras; aux Français se mêla une foule d'étrangers. Une société nouvelle naquit et prospéra sur la terre d'Afrique.

Désormais, les médecins militaires ne pouvaient plus, sans être détournés de leur véritable destination, assurer seuls le service médical des civils; l'Administration de la Guerre n'avait plus à en supporter toute la charge : c'était à la collectivité nouvelle qu'il appartenait d'assister ses malades, avec l'aide de la mère-patrie.

Comment devait-on organiser cette assistance ? Ce n'était pas la première fois qu'une nation européenne colonisait : l'Espagne, la Hollande, l'Angleterre, la France elle-même, avaient eu et avaient encore par delà les mers de nombreuses possessions en pays exotiques. Il semble qu'on devait trouver, dans l'expérience acquise la solution du problème algérien.

On distingue d'ordinaire, — cette distinction est faite pour l'administration générale mais elle s'applique très bien au cas spécial de l'assistance, — on distingue deux sortes de colonies : les *colonies de domination* et les *colonies de peuplement*. Les premières sont de simples comptoirs où les métropolitains, — la plupart du temps des compagnies commerciales, — exploitent les richesses naturelles du sol en se servant de la main-d'œuvre locale. A part les fonctionnaires, on ne compte guère comme européens que quelques commerçants, quelques employés, chefs de cultures ou de factoreries, disséminés à travers le pays. Faute d'éléments de pénétration, on est contraint de laisser les indigènes à leurs anciennes mœurs; il serait chimérique de prétendre leur dispenser les bienfaits de la thérapeutique moderne. D'autre part, le nombre infime des européens ne justifie pas la création d'une organisation médicale perfectionnée. En réalité, l'assistance ne présente, dans les colonies de domination, qu'un intérêt médiocre.

Tout au contraire, elle conserve toute son importance dans les colonies de peuplement. Là, les naturels ont été détruits ou refoulés pour faire place aux nombreux immigrants venus de la Métropole; les premiers sont devenus une minorité négligeable, et les seconds ont formé une société analogue à celle de la mère-patrie, ayant même mentalité et mêmes besoins. *Similia similibus* : les problèmes sociaux de la colonie peuvent être résolus de la même façon que dans la Métropole, les lois de l'une conviennent parfaitement à l'autre.

Dans quel groupe faut-il ranger l'Algérie ?

« L'Algérie est une colonie de caractère mixte : colonie de

4

domination créée par la conquête; colonie de peuplement pé-
nétrée et mise en valeur par une immigration étrangère. Le
régime qui lui conviendra sera donc un régime spécial, tenant
compte des éléments si variés qui la composent (1) ». En effet,
les Français ne se sont pas contentés d'occuper l'Algérie et
de la mettre en valeur; ils sont venus en grand nombre travail-
ler de leurs mains la terre conquise; mais cette invasion ne
s'est pas faite au détriment de la race vaincue qui a subsisté
à côté des vainqueurs, s'est développée et constitue encore à
l'heure actuelle, les huit dixièmes de la population (2).

Il n'y avait donc pas à s'inspirer de précédents; il fallait examiner les conditions propres à l'Algérie et en déduire les
bases d'un système d'assistance lui convenant spécialement.

« Même trente ans après le débarquement des troupes fran-
çaises à Sidi-Ferruch, la pathologie algérienne était encore
très différente de ce que l'on observe en Europe. En 1860, le
docteur A. Bertherand, médecin principal de l'armée, fondateur et directeur de l'Ecole de Médecine d'Alger, faisait remarquer dans ses leçons cliniques (à l'Hôpital civil de Mustapha),
la rareté des cas de plusieurs catégories de maladies qui encom-
brent les hôpitaux de France, telles, pour les maladies consti-
tutionnelles diathésiques : la scrofule, le rachitisme, la tuber-
culose, le cancer; pour les malformations et infirmités congé-
nitales plus ou moins héréditaires : le bec-de-lièvre, la hernie,
le pied bot, etc... Il expliquait, avec raison, cette particularité
par le fait que les premiers colons sont des hommes sains, ro-
bustes, sans tare héréditaire, et que les chétifs, les infirmes, les
malingres, n'ont pas l'habitude d'aller coloniser dans un pays
lointain et inconnu. Est-ce à dire que les hôpitaux étaient vides
et inutiles ? Nullement; au contraire, ils étaient bondés de
malheureux souffrant de maladies endémiques, climatériques
(affections gastro-intestinales, dysenterie, fièvres, affections
oculaires, etc...), et cela d'autant plus qu'à cette époque beau-

---

(1) Maurice WAHL, L'Algérie, 5e édition mise à jour par A. BERARD, p. 262.
(2) Sur une population totale de 5.492.569 âmes, on comptait, en 1911
752.043 européens et 4.740.526 indigènes.

coup de localités, aujourd'hui très salubres, constituaient de véritables nécropoles pour les colons à cause des marécages qui les entouraient. Il y avait en outre de graves et fréquentes épidémies, comme la *variole*, par suite du contact avec les indigènes » (1).

Dans ces conditions, l'assistance médicale apparaissait moins comme une œuvre de bienfaisance que comme le complément indispensable de la politique d'assainissement. A ce titre, elle ne pouvait agir efficacement que si elle était obligatoire.

C'était aux Français que cette assistance devait s'adresser, naturellement. Mais pouvait-on, comme on l'a fait en 1893 dans la Métropole, en refuser délibérément le bénéfice aux étrangers ? Ceux-ci, en France, se réduisent à la proportion relativement faible de 2,97 % de la population; en Algérie, ils constituent près de la moitié de la colonie européenne (2) et sont mélangés à nos nationaux sur toute l'étendue du territoire. En dehors de toute considération d'ordre sentimental, le service médical, à cause de son caractère de police sanitaire, ne pouvait laisser de côté un aussi fort contingent d'habitants participant à la vie commune, sans nuire gravement aux intérêts mêmes de l'élément français ; moins qu'en France, il n'y avait lieu de se préoccuper, en cette matière, de l'existence de traité de réciprocité avec la nation d'origine de qui que ce fût.

Pour les mêmes motifs, le service devait être étendu aux indigènes qui, habitant dans les villes ou les centres de colonisation, se trouvaient en contact constant avec les européens. On pouvait négliger, tout d'abord, la masse des musulmans confinée dans les douars éloignés de nos villages. Mais ces douars étaient de véritables foyers où s'entretenaient, à l'état endémique, les maladies les plus redoutables, qui se répandaient partout par l'intermédiaire des ambulants. Ils étaient un véritable danger pour la santé publique et l'on devait être

(1) Dr BRUCH, *L'assistance aux Européens en Algérie*, brochure de l'Exposition de Marseille, 1906.

(2) En 1911 les 752.043 européens se composaient de 365,867 étrangers.

amené fatalement, dans l'intérêt général, à assister leurs habitants comme les autres indigènes.

Ainsi, en nous plaçant simplement au point de vue de l'intérêt propre des Français, nous avons établi que l'assistance médicale devait être obligatoire et ouverte à tous sans distinction de nationalité ou de race; il faut ajouter qu'elle ne devait pas non plus distinguer entre les indigents et les gens aisés. En effet, le personnel de santé militaire mis à part, il n'y avait que quelques rares médecins en Algérie, et ils s'étaient tous installés dans les grandes villes. La clientèle de l'intérieur ne les avait point attirés : la majorité des immigrés, venue pour chercher fortune, ne pouvait prétendre qu'aux soins gratuits, et le reste, en très petit nombre, ne pouvait honorer que faiblement un docteur. Au surplus, pauvre ou riche, personne ne se trouvait en état de se soigner convenablement chez soi : on était campé de façon sommaire, sans famille, souvent sans foyer, loin de toute aide matérielle. Il fallait donc que les consultations, les visites et l'hospitalisation fussent, moyennant paiement bien entendu, accessibles aux non-indigents.

Tels étaient les besoins particulièrement exigeants auxquels on devait faire face. Et pour les satisfaire, il n'y avait rien, tout était à créer. Il fallait suppléer presque d'un seul coup au lent et constant travail des siècles qui avait doté la Métropole d'établissements de bienfaisance nombreux, accumulé au profit des pauvres des réserves de capitaux, armé peu à peu le corps social pour la lutte contre la misère. Même, il fallait devancer la mère-patrie qui devait rester longtemps encore à la période de la bienfaisance publique, pour parvenir d'un seul coup au régime de l'assistance obligatoire.

C'était une œuvre formidable ! Sur le concours des particuliers, il ne fallait pas compter : on ne vient pas dans une colonie pour pratiquer l'altruisme, luxe des sociétés anciennes ; on y vient chercher fortune, et, si l'on réussit, on n'est pas porté à se dessaisir au profit de la masse, de la moindre partie des biens chèrement acquis dans la lutte pour la vie. S'en remettre exclusivement à la commune ? Mais la vie municipale n'existait pas avant notre arrivée; la commune algérienne est un organisme essentiellement factice (1), né d'hier de la volonté du législateur, et dont les débuts ont été des plus pénibles. Lorsque, avec le temps, tout le territoire eut été *municipalisé*, que la commune eut acquis une certaine vitalité, l'effort à faire était encore hors de proportion avec ses faibles ressources.

Seul, l'Etat, ou son succédané, la colonie, était capable de supporter les énormes sacrifices à faire. Seul, il avait la faculté de répartir entre les différentes régions, les institutions et les services en rapport avec les nécessités. Le devoir d'organiser et de faire fonctionner l'assistance médicale ne pouvait donc revenir qu'à lui seul.

Ce n'est pas à dire évidemment que la commune devait être libérée de toute obligation. A ce point de vue, les conclusions de notre chapitre premier sont vraies en tout lieu et en toute circonstance; la commune doit toujours être le « pivot de l'assistance », l'Etat étant trop loin des bénéficiaires (1).

C'est dans cet esprit que s'est élaborée depuis l'annexion, l'organisation médicale de la colonie. Mais là, comme dans les autres branches de l'administration, les événements ont mené les hommes. Aussi l'absence d'idée directrice, les vicissitudes de la politique, la fâcheuse tendance à l'*assimilation*, ont contribué à fausser l'harmonie des institutions. La logique des choses est arrivée malgré tout à doter l'Algérie d'organisations, en somme, très satisfaisantes et qu'il serait facile de perfectionner et de coordonner.

Dès le début, l'assistance à domicile fut instituée par l'Etat ; les régions d'immigration furent divisées en circonscriptions médicales pourvues chacune au moins d'un médecin devant ses soins aux indigents. Cette institution avait un caractère essentiellement provisoire ; car, on s'en souvient, on considérait, à l'époque, dans la métropole, l'assistance publique comme d'ordre essentiellement local : l'Etat ne se substituait donc que momentanément aux communes en attendant qu'elles

---

(1) Voir *supra*, p. 18 et suivantes et *infra*, p. 60.

fussent en état de supporter une charge sociale leur incombant normalement. De fait, ce programme a été suivi fidèlement ; les circonscriptions médicales ont envahi peu à peu les territoires avec la colonisation et ont cédé le pas devant les progrès de la vie municipale. Encore aujourd'hui, il n'existe pas, en Algérie, pour l'assistance à domicile, un système général analogue à celui de la loi de 1893. L'administration centrale se borne à encourager et à susciter les organisations locales.

Il ne pouvait en être pareillement en matière d'assistance hospitalière, dont le poids ne pouvait jamais être laissé intégralement aux budgets communaux.

Tout d'abord, on partit d'un point de vue théorique analogue : l'assistance obligatoire municipale, assurée provisoirement par l'Etat. Mais, en fait, les contingences financières ne permirent d'appliquer ce principe que partiellement.

Jusqu'en 1849, les établissements médicaux étaient des services, sans existence propre, administrés directement par la Colonie (1), qui percevait les maigres recettes et assurait les dépenses au profit ou au moyen de son budget (2). Sous la deuxième république, le mirage de « l'Algérie prolongement naturel de la France », séduisant de nouveau les esprits, le Gouvernement promulgua les lois et règlements métropolitains sur les hôpitaux et hospices (3) ; du jour au lendemain les infirmeries civiles existantes furent brutalement transformées en personnes morales et abandonnées à elles-mêmes sans ressources, sans patrimoine. Elles durent, pour vivre, solliciter l'aide financière des collectivités politiques sous forme de

---

(1) Juridiquement, — nous le dirons plus loin. — les hôpitaux algériens auraient dû, dès l'annexion, être soumis à la législation métropolitaine. Mais, à juste raison, on se préoccupait moins, au début de la conquête, des principes de droit que des nécessités de fait.

(2) Ce budget a. d'abord, été désigné sous le nom de *budget général des services coloniaux* ; puis, changeant de caractère, sous le nom de *budget local et municipal*. Cette seconde dénomination indique bien l'idée qu'on a voulu réaliser : la mise en commun des ressources communales pour mieux faire face aux charges communales. Les dépenses d'assistance s'y imputaient donc logiquement alors.

(3) Décret du 13 juillet 1849.

subventions et de remboursement des frais de journées des indigents (1).

C'était, désormais, des établissements communaux ; la dépense aurait dû logiquement être supportée par les communes. Or les quelques municipalités, qui s'étaient péniblement constituées, étaient hors d'état de pourvoir à des dépenses sociales. Aussi lorsque le budget colonial fut supprimé, le décret du 27 octobre 1858 (2) fit-il peser les charges d'hospitalisation sur les provinces, moyennant une contribution forfaitaire des communes, consistant dans l'abandon par celles-ci à celles-là du cinquième de leur part d'octroi de mer.

Il convient d'insister tout particulièrement sur le caractère de *contribution forfaitaire et provisoire* de cet abandon du cinquième de l'octroi de mer, car nous verrons, dans le cours de cet ouvrage, que ce quantum, établi plus ou moins arbitrairement, est aujourd'hui considéré par beaucoup comme la limite extrême, le maximum sacré où s'arrêtent les obligations des communes ; c'est un chiffre fatidique, une vérité révélée contre quoi se sont heurtés quelques excellents esprits.

Or telle a été si peu l'idée des auteurs du décret de 1858, que, peu de temps après, le contingent communal fut accru. Très rapidement, en effet, s'étaient manifestés violemment tous les inconvénients de ne pas intéresser les autorités locales à la bonne gestion des dépenses hospitalières : les maires, qui n'avaient pas à craindre de surcharger les budgets dont ils avaient la responsabilité, se montraient peu ménagers des deniers de la province (3) ; et le décret du 21 mars 1860 autorisa les conseils généraux à faire supporter par les communes une partie des frais de traitement de leurs indigents, tout en laissant aux provinces l'indemnité forfaitaire du cinquième de l'octroi de mer.

Ce dernier système ne pouvait être lui-même que transi-

---

(1) Le décret de 1858 en fait une dépense obligatoire pour les départements. Cf. décret du 23 déc 1874.

(2) V. Est. et Lef. *Code annoté de l'Algérie*, p. 208. Titre III, art. 44, § 4.

(3) V. *supra* p. 23 et 24. Cf. Instruction du G. G. du 24 octobre 1862, Ménerville. *Dictionnaire de la Législation algérienne*. p. 97.

toire. Finalement, on devait être amené, tôt ou tard, à laisser aux communautés locales, la charge entière des hospitalisations de leurs indigents, lorsque leurs facultés financières seraient aptes à faire face à des dépenses variables et irrégulières. C'est ce que réalisa le décret du 23 décembre 1874, encore en vigueur et qui constitue le véritable code de l'assistance hospitalière algérienne ; comme contre-partie nécessaire, ce décret restitue aux communes le cinquième de leur part d'octroi de mer. C'est cette restitution qui, prise pour une dotation, a été le point de départ de la théorie bizarre signalée plus haut.

Le remboursement des frais de séjour des malades ne constitue pas l'unique ressource des hôpitaux, trop pauvres, malgré les partages de divers immeubles faits, d'autorité, entre eux notamment à la suite de l'insurrection de 1871. La colonie a dû se charger de les construire, de les améliorer, de leur consentir des avances, et même d'assumer une partie de leurs dépenses.

Car le fonctionnement d'établissements organisés suivant le type des hôpitaux métropolitains ne va pas sans grands frais. Même, dans certain cas, ces frais peuvent devenir exagérés par rapport aux services qu'on en attend. Aussi, bien souvent doit-on se contenter de modestes infirmeries. C'est ce genre qu'on a très justement adopté quand on a voulu s'adresser plus spécialement aux indigènes.

Nous allons, d'ailleurs, examiner dans la partie qui va suivre, les différents modèles d'établissements hospitaliers fonctionnant actuellement en Algérie.

DEUXIÈME PARTIE

Les Établissements hospitaliers

En Algérie, comme dans la Métropole, les secours hospitaliers sont dispensés aux indigents, pour le compte des collectivités tenues à l'assistance, par des établissements publics spéciaux. Mais, tandis que la loi métropolitaine impose aux établissements de ce genre une organisation uniforme, la réglementation algérienne admet quatre types d'hôpitaux civils : *communaux*, *départementaux*, *coloniaux* dirigés par une *commission administrative*, et *coloniaux* administrés par un *directeur* responsable (1). En outre, l'administration fait appel au concours des hôpitaux militaires et à celui d'établissements privés.

Nous étudierons dans les chapitres qui vont suivre, chacun de ces types, en nous arrêtant plus spécialement aux établissements coloniaux. Nous examinerons également les *infirmeries indigènes*, qui, quoiqu'elles ne possèdent pas la personnalité civile, rentrent plus, par le rôle qui leur est dévolu, dans la catégorie des établissements hospitaliers que dans celle des institutions d'assistance médicale à domicile.

---

(1) Elle en admet même un cinquième : l'administration à l'entreprise ; mais cette organisation n'est jamais, en fait, entrée en application.

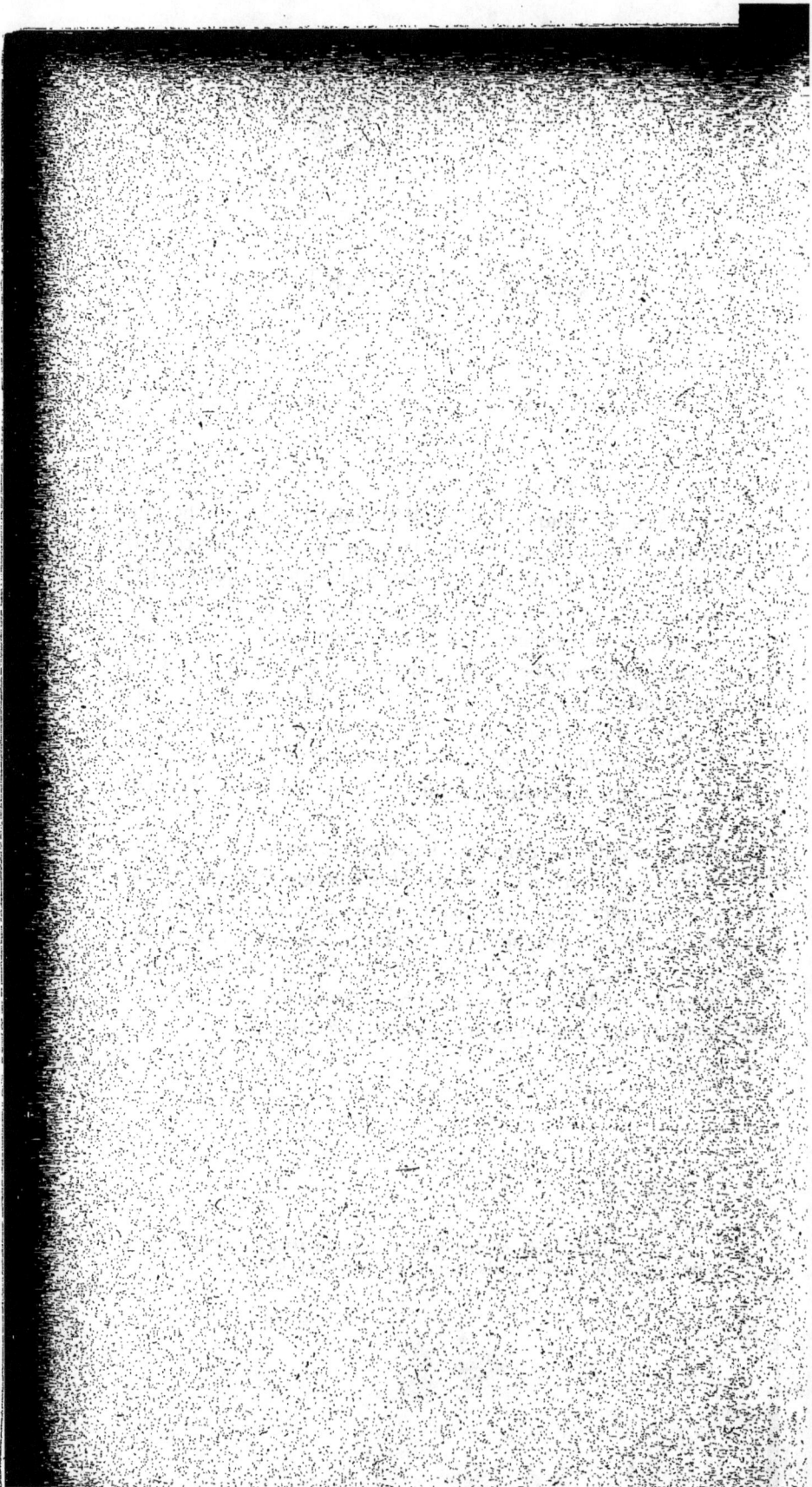

CHAPITRE Ier

Les hôpitaux communaux et départementaux.
Les hôpitaux militaires

SECTION I

Hôpitaux communaux.

Les premiers hôpitaux (1) créés dans la colonie, ont été tout naturellement des hôpitaux communaux comme ceux de France, dont on n'avait qu'à copier l'organisation. Le décret du 23 décembre 1874 n'a pas cru devoir supprimer ce type d'établissement, dont il a maintenu l'existence légale dans son article premier (2); mais, se bornant à réglementer les hôpitaux coloniaux, il les a laissés soumis à la législation antérieure. Quelle était cette législation? Nous touchons ici à la question si délicate du régime législatif algérien (3), et il est nécessaire d'entrer dans quelques détails.

D'après le principe de droit public que l'annexion a pour effet de soumettre le pays annexé aux lois du pays annexant (4), l'ordonnance du 22 juillet 1834, proclamant la prise de possession de l'Algérie, y avait, semble-t-il, promulgué tacitement tous les règlements relatifs aux hôpitaux et hospices de la métropole. Cette opinion n'a pas été admise (5),

---

(1) Nous n'entendons évidemment désigner sous le nom d'*hôpitaux* que des établissements pourvus de la personnalité civile.

(2) « Article premier. — Les hôpitaux et hospices civils, qui ne sont pas propriété communale ou privée, sont, à titre d'établissements coloniaux, placés sous l'administration supérieure du préfet. »

(3) LARCHER, *Traité de législation algérienne*, t. I, p. 165, 210 et suiv.

(4) C'est l'avis unanime de la doctrine.

(5) Dans un sens analogue, Cour de cass., 4 fév. 1863, J. A. 1863, I ; C. d'Alger, 1er déc. 1853, J. A., 1873.

et les premiers établissements, comme l'hôpital civil d'Alger, n'ont pas été organisés comme ceux de France; il a paru nécessaire de faire intervenir un texte spécial, le décret du 13 juillet 1849, pour mettre en vigueur la législation française. Sans discuter la nécessité de ce décret, on devrait admettre, de toutes façons, que les lois postérieures à 1849 sont applicables *ipso jure* aux établissements hospitaliers algériens, comme modificatives ou abrogatives de textes déjà en vigueur (1). Or, la pratique administrative a toujours considéré que ces lois ne peuvent être exécutoires qu'autant qu'elles ont été promulguées expressément par le pouvoir exécutif, car, dit-on, il serait « inutile de promulguer des lois dont l'introduction dans la colonie ne serait opportune qu'avec certaines modifications en harmonie avec le régime des établissements hospitaliers » (2). Cette manière de voir, juridiquement très contestable (1), est aujourd'hui, en quelque sorte, sanctionnée par un long usage. Par conséquent, en 1874, les hôpitaux communaux algériens étaient régis par les ordonnances antérieures à 1849 et par le décret du 23 mars 1852, promulgué par arrêté ministériel du 16 mai 1856, mais échappaient aux dispositions des lois du 7 août 1851 (3) et 21 juin 1873, qui ne leur avaient pas été rendues applicables.

Depuis cette époque sont intervenues la loi du 7 août 1879, sur les commissions administratives, promulguée par un décret du 25 novembre de la même année (4), et la loi du 5 avril 1884, exécutoire par elle-même (5). A l'heure actuelle, la législation métropolitaine est appliquée en Algérie sauf en ce qui concerne les attributions de la commission administrative, objet du titre II de la loi de 1851. Ce que nous avons dit sur la

---

(1) Cf. LARCHER, *loc. cit.*

(2) Décision du Ministre de l'Intérieur du 24 mars 1858, EST. et LEF., p. 122, note 1 et 2.

(3) Il est assez curieux de noter que le règlement d'administration publique rendu conformément à la loi de 1851 et pour la compléter a été rendu applicable et non la loi.

(4) EST. et LEF., *Code annoté de l'Algérie*, p. 515.

(5) Article 166.

situation juridique des hôpitaux de France vis-à-vis des tiers, de la commune et de l'Etat, est également exact pour ceux d'Algérie (1). Ces établissements sont, en effet, pourvus de la personnalité civile et financière, donnée, en bloc, par le décret de 1849 à ceux qui existaient à cette époque, et aux autres, par le décret autorisant la création. Ils sont placés sous la surveillance de la commune et la tutelle de l'administration. Ils sont gérés par les commissions administratives composées et nommées comme en France (2).

Mais les pouvoirs de ces commissions sont moins étendus en Algérie où l'on en est resté, en cette matière, aux ordonnances du 31 octobre 1821 (3) et du 6 juillet 1846 (4). En principe, les délibérations ne sont pas exécutoires par elles-mêmes. Elles sont soumises à l'approbation :

1° du préfet, quand il s'agit : a) de travaux de construction nouvelle ou de construction entière ou partielle, entraînant une dépense inférieure ou égale à 30.000 francs (5); b) de réparations excédant 2.000 francs (6) ; c) de baux de moins de dix-huit ans (5); d) d'acceptation de dons et legs d'une valeur de 3.000 francs et au-dessous (5); e) de faire ou de modifier le règlement intérieur de l'établissement (5);

2° du préfet en conseil de préfecture, quand il s'agit : a) d'acquisition, vente ou échange d'immeubles, de partage de biens indivis d'une valeur inférieure à 3.000 fr., pour les établissements ayant moins de 100.000 francs de revenus, et à 20.000 francs pour les autres (5); b) de transaction portant sur des objets mobiliers de moins de 3.000 francs (7) ;

3° du Gouverneur général, en matière de travaux de plus de 30.000 francs (7) ;

4° du Chef de l'Etat, par décret, quand il s'agit : a) d'acqui-

---

(1) V. suprà, p. 41 et suiv.

(2) Loi du 7 août 1879 et décret du 25 novembre 1879.

(3 et 4) V. Revue des Établissements de bienfaisance, table générale des tomes I à XVI, p. 387 et 424.

(5) Décret du 6 juillet 1846.

(6) Ordonnance du 31 octobre 1821.

(7) Décret du 6 juillet 1846.

sition, vente ou échange d'immeubles, de partage de biens indivis excédant 3.000 francs pour les établissements ayant moins
de 100.000 francs de revenus, et 20.000 francs pour les autres (1); *b*) de baux dont la durée dépasse dix-huit ans (1); *c*)
de l'acceptation de dons et legs d'une valeur supérieure à
3.000 francs ou ayant fait l'objet de réclamations de préten-
dants droit à la succession (1); *d*) de toute transaction consen-
tie sur des immeubles ou affectant des biens mobiliers d'une
valeur de 3.000 francs et plus (1).

Les médecins, chirurgiens, pharmaciens et *agents comp-
tables*, sont nommés par le préfet, sur la présentation de trois
candidats, par la commission (2); ils sont révoqués dans la
même forme, mais la mesure n'est définitive qu'après approbation du Gouverneur général (2). Tous les autres employés
sont nommés par la commission et révoqués par elle (3).

Dans ces conditions, l'économe peut-il être nommé, en dehors de toute intervention de la commission, par le Gouverneur général? C'est ce qui se pratique à l'Hôpital d'Akbou, à
la suite d'une entente entre le Gouvernement général et le
Maire de la commune. Nous estimons que cette entente est nulle
pour les trois motifs suivants :

1° Le Maire d'Akbou n'avait pas qualité pour aliéner dans
un contrat quelconque, les droits de la commission ni comme
maire, car l'autorité municipale n'a pas le droit de s'interpo-
ser dans l'administration de l'hôpital communal (4), ni comme
président de la commission, car, à ce titre, il n'est que le représentant de la commission et dispose seulement des pouvoirs
qu'elle lui a délégués formellement.

2° A supposer que le maire eût été autorisé par elle à signer
la convention, la commission ne pouvait pas faire abandon
sine die d'attributions qui lui ont été conférées par un texte
ayant force de loi.

---

(1) Décret du 6 juillet 1846.
(2) Ordonnance du 31 octobre 1821, art 18, § 2.
(3) *Ibid.* 18, § 3.
(4) V. *suprà*, p. 46.

3° Enfin, le Gouverneur général n'avait pas qualité pour s'attribuer un droit de nomination confié par la loi au préfet.

Toutes les nominations faites à l'hôpital d'Akbou, conformément au *modus vivendi* adopté, sont donc illégales, et, par suite, tous les actes de gestion accomplis par les agents ainsi nommés sont entachés de nullité. Si les administrateurs, croyant trouver plus de garanties dans le personnel de l'administration hospitalière coloniale, voulaient y choisir leur économe, ils devaient, pour que les choses fussent régulières, proposer, après entente officieuse avec le Gouvernement général, un agent de cette administration au préfet, qui le nommerait économe de l'hôpital, après l'avoir fait mettre à sa disposition par le Gouverneur.

Ce qui se passe à l'Hôpital d'Akbou démontre combien l'administration, aussi bien préfectorale que gouvernementale, a peu la notion exacte du régime légal des hôpitaux communaux et des rapports qui doivent exister entre ces établissements et les autorités municipales, celles-ci n'ayant qu'un droit de contrôle et non d'autorité. Aussi tolère-t-on constamment l'intrusion des maires dans les affaires d'administration hospitalière (1).

Le budget et le compte de l'hôpital sont, comme en France, votés par la commission, examinés par le conseil municipal et arrêtés par le préfet.

Les recettes sont les mêmes que celles des hôpitaux métropolitains. Il y a lieu de remarquer toutefois que le patrimoine hospitalier est presque toujours extrêmement modeste; c'est pourquoi l'administration a exigé, avant d'autoriser la création d'un hôpital communal, que le conseil municipal prît l'engagement de couvrir la différence entre les recettes et les dépenses (2). D'autre part, le titre III du décret du 23 septembre

---

(1) « La tendance à laisser absorber les établissements publics de bienfaisance par les conseils municipaux est le résultat d'une erreur très répandue et qu'il importe de rectifier dans l'intérêt de ces établissements et de l'Etat ». (Note du Ministère de l'Intérieur, pour servir à la discussion de la loi du 5 août 1879).

(2) V. not. décrets du 14 mai 1890, du 23 juillet 1895, du 26 mars 1896, du 26 février 1898.

1874, qui a une portée générale, permet aux hôpitaux communaux de réclamer en toute circonstance, aux communes du domicile de secours, le paiement des frais de traitement de leurs indigents.

Les hôpitaux communaux sont devenus très rares. Ils constituent une charge trop onéreuse pour les communes, qui ont une tendance à s'en défaire au profit de la Colonie (1). Il n'en reste plus que quatre petits : l'hôpital Seltz, de Boufarik, l'hôpital d'Akbou, l'hôpital de Mila et l'hôpital d'Oued Athménia.

L'hôpital Seltz a été fondé en 1874, à la suite d'un legs fait à la commune de Boufarik. Il a été autorisé par décret du 14 mai 1890. Dernièrement, la municipalité avait engagé des pourparlers pour le céder à la Colonie.

L'hôpital d'Akbou est l'ancien hôpital militaire concédé gratuitement à la commune. Il a été érigé en hôpital communal par décret du 23 juillet 1895.

L'hôpital de Mila et d'Oued Athménia ont été respectivement autorisés par décrets du 25 mars 1896 et 26 février 1898.

*
* *

SECTION II

Hôpitaux départementaux.

Les hôpitaux départementaux ont dû leur origine au régime transitoire du décret du 27 octobre 1858 qui, d'une part, avait confié au préfet et au conseil général les attributions du Gouverneur général, et, d'autre part, avait transféré au département, les obligations d'assistance considérées alors comme essentiellement communales. Les Conseils généraux avaient organisé dans les régions non ouvertes à la vie municipale, des établissements hospitaliers, entretenus par le budget provincial. Ces établissements devaient disparaître avec la réforme

---

(1) V. Hôpitaux de Relizane et d'Aïn-Témouchent.

de 1874; le décret les respecta néanmoins et décida qu'il ne serait rien changé à l'affectation des immeubles concédés aux départements pour le service hospitalier (1). Mais les Conseils généraux, privés du cinquième du produit de l'octroi de mer, ne disposant que de ressources insuffisantes, cherchèrent à se débarrasser d'une source de dépenses et obtinrent le classement de leurs hôpitaux dans le service colonial.

Il n'y a plus aujourd'hui d'hôpitaux départementaux en Algérie.

*
* *

SECTION III

Les hôpitaux militaires.

Le service de santé de l'armée continue à tenir ses hôpitaux à la disposition de l'administration civile, dans les localités dépourvues d'établissement civil. Ce concours est particulièrement précieux à l'intérieur, où il assure aux malades des soins éclairés et évite à la colonie des dépenses considérables d'installation et de personnel (2). Il est juste de rendre, à ce double titre, un hommage mérité au dévouement des médecins de l'armée et de leurs collaborateurs.

L'étude de l'organisation et du fonctionnement des hôpitaux militaires ne rentre pas dans le cadre de notre travail. Qu'il nous suffise de dire que ces établissements sont régis par le règlement sur le service de santé de l'armée et que l'administration civile ne peut exercer sur eux aucun pouvoir d'autorité ni de contrôle (3).

---

(1) Article 1er du décret.

(2) On peut dire que c'est le seul moyen de disposer, dans l'intérieur, d'un personnel convenable d'infirmiers. Le recrutement de ce personnel déjà très difficile dans les grandes villes comme Alger, Oran, Constantine, Bône, devient un problème presque insoluble dans les localités comme Marengo, Ménerville. On se demande ce qu'il serait à Dellys, à Ténès, à Lalla-Marnia, à Djelfa, etc.!

(3) Les femmes étant admises dans ces hôpitaux, des infirmières y sont attachées. Ces infirmières sont nommées par le G. G. sur la proposition de l'autorité militaire ; elles sont payées par le ministre de la guerre qui se fait rembourser par le Gouvernement Général.

5

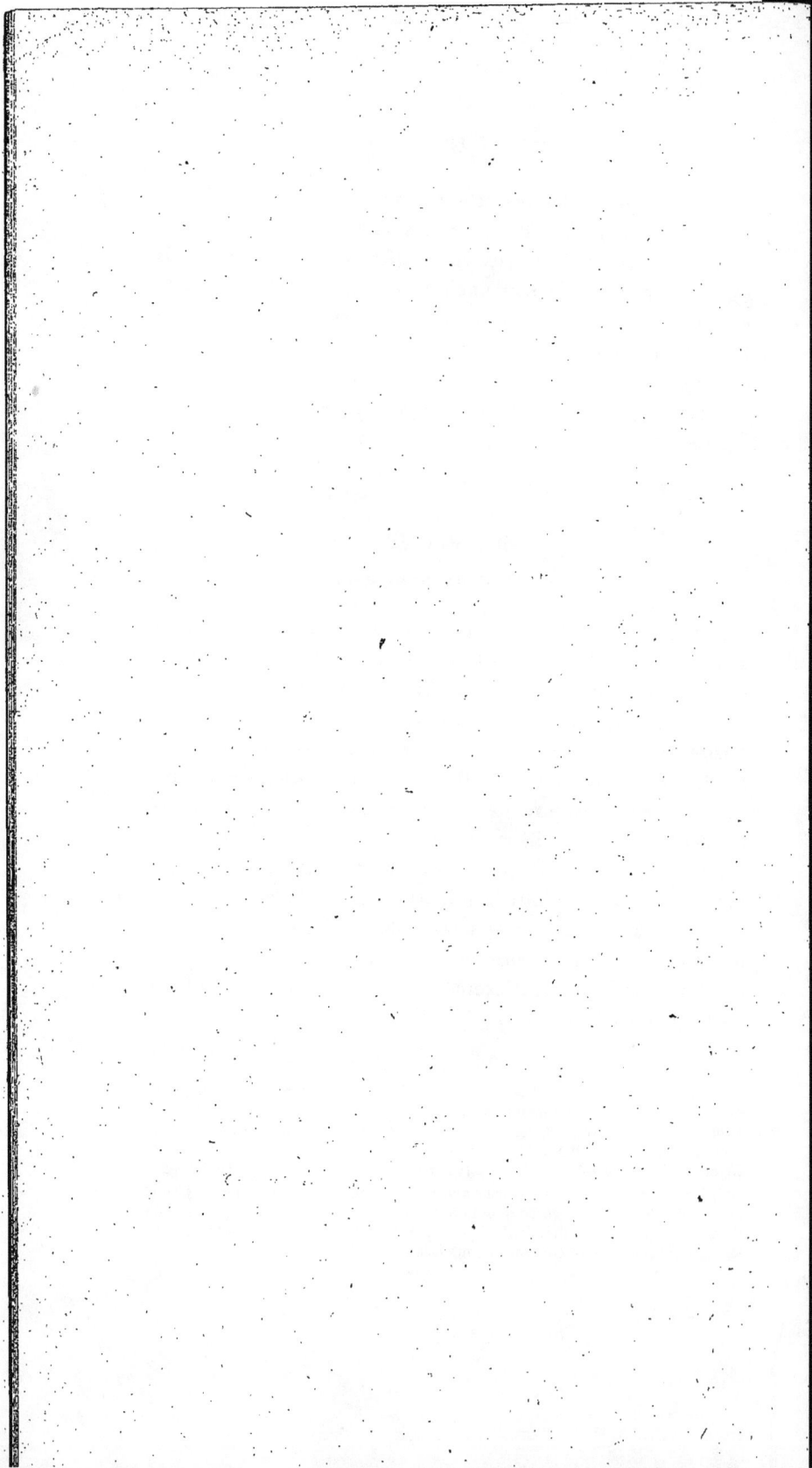

CHAPITRE II

Les hôpitaux coloniaux. — Condition juridique

L'absence de biens acquis et de patrimoine formé n'a jamais permis aux établissements hospitaliers algériens de vivre sans faire appel dans une très large mesure aux subventions des collectivités auxquelles ils ressortissent. Cette contribution pesait exclusivement, au début, sur les budgets des communes et des départements, et constituait pour eux une charge difficilement supportable en raison de leurs faibles ressources. C'est pourquoi l'on fut amené, en 1874, à créer des hôpitaux recevant de l'Etat, mieux armé financièrement, les subsides nécessaires à leur existence, mais, en revanche, placés sous la surveillance directe de l'administration.

La condition civile à ces hôpitaux par le décret du 23 décembre est tout à fait différente de celle des hôpitaux communaux. Ceux-ci, avons-nous vu, jouissent d'une personnalité parfaite: ils ne sont dirigés ni par l'Etat, ni par le département, ni même par la commune; ils sont soumis seulement à la surveillance ou au contrôle des représentants de ces collectivités; ils sont dirigés et représentés par des administrations spéciales et responsables de leurs actes. Au contraire, les hôpitaux coloniaux sont placés sous l'*autorité* supérieure du préfet (1); ils sont *gérés* (2) (et non administrés) par des personnes qui ne disposent pas de l'intégralité des pouvoirs d'administration : par exemple, la fixation des cadres et des traitements et la nomination des agents, prononcées par le Gouvernement général (3).

Dans ces conditions, on peut se demander si les hôpitaux

---

(1) Article 1er du décret du 23 décembre 1874.
(2) Article 2.
(3) Article 3.

coloniaux sont réellement des établissements publics spéciaux
et s'ils ne sont pas plutôt des démembrements, des dépendances de la Colonie, sans existence propre; leurs directeurs, leurs
administrateurs n'exerceraient pas leurs attributions comme
représentants d'une personne morale, mais agiraient en vertu
d'une délégation de l'autorité supérieure. Cela pourrait paraî-
tre d'autant plus admissible qu'ils peuvent être privés de représentants spéciaux s'ils sont gérés par marché à forfait.

Il n'en est rien, cependant. La personnalité, en droit public,
dérive essentiellement du droit de posséder, d'avoir des ressources; la représentation de l'être abstrait n'est point une
condition de son existence, mais une conséquence non nécessaire de celle-ci. Or, quelle que soit leur organisation administrative, les hôpitaux coloniaux peuvent avoir un patrimoine et
sont dotés d'un budget indépendant, alimenté par des recettes
régulières. Ils ont donc bien une individualité distincte de celle
de la Colonie. Mais ils ne jouissent pas de l'autonomie sur-
veillée des établissements communaux, et sont subordonnés à
une tutelle plus ou moins étroite.

En effet, trois régimes leur sont applicables; ils peuvent
être administrés par marché à forfait, par un directeur responsable, par une commision administrative (1). Dans le premier
cas, ils peuvent être comparés aux mineurs en puissance paternelle ; l'Etat les dirige et gère leurs biens en dehors d'eux par
l'intermédiaire du préfet, son représentant, et de l'entrepre-
preneur, son préposé. Dans le second cas, leur personnalité se
dégage un peu plus ; ils ont à leur tête un fonctionnaire, qui
est bien l'agent de l'administration supérieure, mais qui est
responsable à leur égard, qui les administre et les représente
à la façon d'un tuteur. Enfin, dans le troisième cas, ils sont
assimilables au mineur émancipé ; ils sont incapables encore
en certaines circonstances où doivent intervenir activement le
préfet ou le gouverneur, mais ils peuvent faire, par l'intermédiaire de leur commission, certains actes, sous réserve d'au-

(1) Article 2.

torisation ou d'approbation, certains autres en pleine indépendance.

Bref les hôpitaux coloniaux ont, comme les autres établissements, une personnalité civile, mais un peu diminuée.

Il en résulte que leur création est subordonnée aux mêmes
règles que celle des hôpitaux communaux : un décret doit
intervenir ; le Gouverneur général ne peut que proposer la
création, le Conseil de Gouvernement entendu, et après vote
des crédits nécessaires par les assemblées algériennes. A part
cela, il n'a qualité que pour fixer le mode d'administration
des hôpitaux.

Mais lorsqu'il y a transformation et non création ? S'il
s'agit, par exemple de transformer un hôpital communal en
hôpital colonial, un arrêté du Gouverneur général suffirait-il ?
S'il y avait, d'une part, vote favorable de la commission administrative et du conseil municipal et, d'autre part, délibération
du Conseil de Gouvernement et approbation des assemblées
financières ? Bien que ce soit ainsi qu'il a été procédé en ce
qui concerne les hôpitaux de Relizane et d'Aïn-Témouchent,
nous ne le pensons pas. Sans doute, il n'y a pas *création* de
personne morale ; la modification n'a aucune conséquence,
d'ordre public ou d'ordre privé, autre que de dégager la commune et d'engager éventuellement les finances coloniales dont
le Gouverneur général et les Délégations ont la gestion. Mais,
on s'en souvient, le caractère communal de l'établissement
lui a été conféré par décret (celui de 1849 ou le décret autorisant la création) et il est inadmissible que le Gouverneur
puisse modifier une disposition réglementaire s'il n'a reçu
délégation formelle et spéciale de ce droit.

CHAPITRE III

Hôpitaux coloniaux *(Suite)*

ADMINISTRATION

—

Nous avons eu l'occasion de voir que les hôpitaux coloniaux pouvaient être administrés de trois façons (1) ; c'est au Gouverneur général qu'il appartient de déterminer, sur l'avis du Conseil de Gouvernement et la proposition du préfet, le mode auquel est soumis chaque établissement (2).

SECTION I

Gestion par une commission administrative

Le premier mode de gestion auquel devaient songer naturellement les auteurs du décret de 1874 pour les hôpitaux coloniaux, c'était évidemment celui qui régissait ces établissements avant leur transformation et qui était en usage en France et en Algérie depuis de longues années ; il aurait pu, d'ailleurs, être mauvais de bouleverser d'un seul coup le régime administratif de toute une catégorie d'hôpitaux sans tenir compte des circonstances spéciales à chacun d'eux. Les commissions administratives furent donc maintenues, mais des modifications furent apportées à leurs attributions et à leur composition pour les mettre en harmonie avec la nouvelle organisation hospitalière.

Composition de la commission. — Les établissements ressortissant directement à la colonie, les autorités locales n'ont légitimement à exercer au sein de la commission aucune influence;

---

(1) Cf. *suprà*.
(2) Décret du 23 décembre 1874 art. 3.

l'élection d'un nombre quelconque de commissaires par le
conseil municipal de la commune ne se justifiait pas. L'article
4 du décret de 1874 avait donc très justement confié au préfet
la nomination de tous les commissaires, au nombre de cinq.
Il avait, d'ailleurs, laissé une part très belle à la commune en
conservant au maire la présidence de droit avec voix prépondérante en cas de partage ; mais cette désignation devait être
considérée plutôt comme un hommage au premier magistrat
de la ville que comme la reconnaissance d'un droit de regard
à la commune puisqu'en cas d'absence ou d'empêchement du
maire la présidence revenait, non à son adjoint, mais au plus
ancien commissaire présent (1).

Le décret du 25 novembre 1879, promulguant la loi du
5 août de la même année, abrogea les dispositions de l'article 4
du décret de 1874 et soumit l'organisation des commissions
administratives des hôpitaux coloniaux aux mêmes règles que
celles des hôpitaux communaux. Cette réforme permettant
aux conseils municipaux de participer par leurs délégués à
l'administration d'établissements qui leur sont complètement
étrangers, est absolument illogique ; elle ne s'explique que par
cette absence d'idées directrices dont on a toujours fait preuve
en Algérie en matière d'assistance. On a cédé, là comme ailleurs,
à l'incorrigible penchant de l'assimilation, sans s'apercevoir
qu'on imposait des règles semblables à des institutions fonciè-
rement différentes.

Quoi qu'il en soit, aujourd'hui, les commissions administratives des hôpitaux coloniaux sont composées du maire, de six
membres renouvelables, dont deux élus par le conseil municipal, et quatre nommés par le préfet (2). Le nombre des membres peut, à titre exceptionnel et en raison de l'importance de
l'établissement, être augmenté par un décret rendu en la forme
de règlement d'administration publique ; l'augmentation a lieu
par nombre pair pour permettre au conseil municipal et au

---

(1) Décret du 23 décembre 1874, art. 4 (abrogé).
(2) Loi du 5 août 1879, art. 1er.

Préfet d'exercer leur droit de nomination dans une proportion égale.

Les délégués du Conseil municipal suivent le sort de cette assemblée quant à la durée de leurs fonctions ; mais, en cas de suspension ou de dissolution du conseil municipal, ce mandat est continué jusqu'au jour de la nomination de délégués par le nouveau conseil. Les autres membres de la commission sont nommés pour quatre ans et se renouvellent chaque année par quart ; les membres sortant sont rééligibles. Si, par suite de démission ou de décès, un membre est remplacé en cours d'année, les fonctions de son successeur expirent à l'époque où auraient cessé les siennes. En cas de renouvellement total ou de création nouvelle, les membres à la nomination du préfet sont, sur la proposition de celui-ci, nommés par le Gouverneur général ; le renouvellement par quart est désigné par le sort à la première séance d'installation.

L'élection des délégués du Conseil municipal a lieu au scrutin secret, à la majorité absolue des voix ; après deux tours de scrutin, la majorité relative suffit et, en cas de partage, le plus âgé des candidats est élu. Le conseil municipal n'est pas tenu de choisir ses délégués dans son propre sein ; ne sont pas éligibles ou seraient révoquées de plein droit les personnes qui se trouveraient dans un cas d'incapacité prévu par les lois électorales.

Si le Conseil municipal, mis en demeure régulièrement de désigner ses délégués, s'y refuse, la commission administrative se trouve valablement constituée par les quatre membres désignés par l'administration, qui peuvent délibérer, même en l'absence du maire, car la loi, en donnant à la commune le droit d'élire deux représentants ne saurait avoir pour effet de faire obstacle à la constitution de cette commission.

L'article 4 du décret de 1874 déclarait que les fonctions d'administrateur étaient gratuites. Cet article a été abrogé par le décret de 1879 qui reste muet à ce sujet. Faut-il en conclure que les commissaires peuvent recevoir aujourd'hui une allocation quelconque ? Ce serait certainement aller à l'encontre des intentions du législateur. En France, la loi du 5 août 1879 a modifié les articles 1, 2, 4 et 5 de celle du 21 juin 1873, mais n'a pas touché à l'article 3 posant également le principe de la gratuité des fonctions. Le décret du 25 novembre 1879, en promulguant la loi du 5 mai, avait pour but de soumettre l'organisation des commissions administratives algériennes aux règles métropolitaines ; il a abrogé l'article 4 du décret de 1874 comme donnant à ces commissions une composition spéciale, mais certainement sans vouloir toucher aux dispositions de cet article conformes à la loi française. Au surplus, admettons que cet article 4 ait été complètement abrogé ; puisque le décret de 1874 est non institutif de droit nouveau mais modificatif de la législation antérieure, cette législation, dans le silence du texte abrogatif, doit être considérée comme remise en vigueur ; or l'ordonnance du 31 octobre 1821 et le décret du 23 mars 1852 ne laissent aucun doute sur le caractère gratuit des fonctions d'administrateur.

Dissolution et révocation. — Les commissions peuvent être dissoutes ou leurs membres révoqués par le Gouverneur général. Le droit de dissolution ou de révocation est un droit discrétionnaire du Gouverneur, substitué au Ministre de l'Intérieur ; il n'a pas à motiver sa décision qui n'est pas susceptible de recours au Conseil d'Etat pour excès de pouvoir.

En cas de dissolution ou de révocation, la commission doit être remplacée ou complétée dans le délai d'un mois.

Présidence. — L'article 4 du décret de 1874 ayant été abrogé, c'est le décret du 23 mars 1852, dont il reproduisait d'ailleurs, les termes, qui règle la présidence de la commission.

La présidence appartient de droit au maire. elle revient au plus ancien des membres présents et, à égalité d'ancienneté, au plus âgé. On doit entendre par « le plus ancien » celui qui, dans la période de quatre ans, a la plus ancienne nomination, parce que la nomination d'un membre, même précédemment en fonction, constitue un titre nouveau sans lieu de continuité avec les nominations antérieures.

Le président a voix prépondérante en cas de partage.

Dans le silence de la loi, l'adjoint ou le conseiller municipal faisant fonctions de maire, même lorsqu'il exerce ces fonctions par *intérim*, ne peuvent assister aux séances de la commission ni les présider à la place du maire.

Qui devrait remplacer ce magistrat municipal si l'hôpital était situé en territoire de commune mixte ? C'est évidemment l'administrateur qui est avant tout le maire de la commune mixte.

Attributions. — Les hôpitaux étant placés sous l'administration supérieure du préfet, les commissions ne peuvent prendre de délibérations immédiatement exécutoires par elles-mêmes.

A cette réserve près, leurs attributions sont les mêmes que celles des commissions administratives des hôpitaux communaux.

Toutefois, alors que pour celles-ci il est admis que les délibérations négatives lient l'autorité supérieure, il ne saurait en être ainsi pour les hôpitaux coloniaux placés sous l'autorité supérieure du préfet.

*
* *

SECTION II

Administration par un directeur assisté d'une commission
consultative

La direction et la représentation des établissements hospitaliers assumée par une collectivité constitue, même en France, une organisation des plus critiquables. En administration, le *plusieurs*, comme disait Platon, est dangereux. La commission est « souvent tiraillée dans son action par des influences contraires, que les inférieurs connaissent toujours, et dont ils savent habilement se servir pour échapper à l'autorité, en la contrebalançant. Obligée de partager les jours de service et les attributions actives entre ses membres qui, isolés, ou tiennent peu de compte des décisions de leurs collègues, ou trop timides ne savent résoudre qu'*ad referendum* les questions difficiles et cependant urgentes, l'administration hospitalière doit devenir ainsi molle, faible et souvent personnelle. Il faut ajouter que les responsabilités partagées s'éparpillent et s'atténuent. Les décisions, qu'aucun des membres de la commission n'osent prendre individuellement, sont cependant adoptées par la majorité. D'autre part, telle mesure nécessaire sera rejetée par la collectivité, alors qu'aucun membre de la commission n'oserait la repousser, s'il avait une responsabilité personnelle. »

En Algérie, les inconvénients de la gestion par commission administrative s'augmentent encore de la difficulté de trouver partout où il y a un hôpital un nombre suffisant de personnes ayant les capacités voulues et disposant du temps nécessaire pour remplir les fonctions délicates, un peu techniques et absorbantes de commissaire. D'autre part, l'administration supérieure ne trouve pas, dans une collectivité, la discipline indispensable pour lui permettre d'exercer l'autorité qui lui est dévolue par les règlements.

C'est pourquoi on a été amené à adopter dans presque tous les hôpitaux coloniaux le deuxième régime où les attributions de délibération et celles de représentation et d'exécution sont scindées et partagées entre un directeur responsable et une commission consultative.

§ I. — *Le Directeur*

Le Directeur est avant tout l'agent de la Colonie. Nommé par le Gouverneur Général, rétribué aujourd'hui par le budget spécial, il est placé sous les ordres et le contrôle direct du préfet ; il assure en son nom l'exécution des lois et règlements. A cet égard, il mérite bien le titre de *tuteur* de l'établissement qui lui a été donné précédemment (1).

---

(1) L'arrêté du 10 février 1909, sur le personnel des services d'assistance, prévoit, dans son article 8, que le Gouverneur Général peut, sur la proposi-

Mais il est aussi le représentant et l'agent d'exécution de l'hôpital. Il réunit entre ses mains les pouvoirs du président, de l'ordonnateur et de l'administrateur de service de la commission administrative ; il prépare et exécute le budget ; il procède aux adjudications. D'une manière générale, il représente l'établissement pour tous les actes de la vie civile, pour l'acceptation de dons et legs, et les actions en justice.

§ 2. — Commission consultative

Composition. — Les commissions consultatives sont composées de trois membres nommés par le préfet et du maire de la commune ; le directeur assiste aux séances avec voix délibérative sauf lorsqu'il s'agit de l'examen de ses comptes. Les règles, posées pour les commissions administratives, s'appliquent *mutatis mutandis* aux commissions consultatives. Les commissaires exercent leurs fonctions gratuitement ; ils sont renouvelés tous les ans par tiers ; leur tour est réglé par le sort pour les deux premières années et à l'ancienneté pour les autres ; ils peuvent être révoqués individuellement par le Gouverneur Général sur la proposition du préfet ; la commission peut être entièrement dissoute dans les mêmes formes. La commission délibère valablement, si le maire refuse systématiquement d'assister aux séances.

Présidence. — La présidence appartient au maire et, à son défaut, au membre le plus ancien.

Attributions. — Les commissions consultatives donnent leur avis sur les objets soumis aux délibérations de la commission administrative, tels qu'ils sont énumérés page 74 ; elles délibèrent en outre sur les comptes en deniers et en matières, sur les

tion du préfet, confier la direction des hôpitaux, de moins de 150 lits, sans traitement, à un notable où à un fonctionnaire d'un service public de la localité. Cette disposition est absolument illégale, car il est bien évident qu'un directeur ainsi nommé ne peut avoir qu'une responsabilité très limitée. Or, le décret de 1874 exige absolument qu'à défaut de commission administrative la direction des hôpitaux soit confiée à un directeur *responsable.*

comptes moraux des directeurs ainsi que sur toutes les mesures relatives au régime intérieur et au service économique.

Leurs délibérations sont transmises directement au préfet par leur président. En aucun cas, leur avis ne lie l'administration.

Un membre de la commission doit assister aux adjudications.

*
**

SECTION III

Gestion par marché à forfait

Les hôpitaux peuvent être régis par marchés à forfait sous le contrôle d'une commission de surveillance. A la vérité ce mode de gestion est extrêmement rare et peu pratique.

Trois autorités concourent à la direction de l'hôpital : le préfet, l'entrepreneur, la commission de surveillance.

§ 1. — *Le Préfet*

Tous les pouvoirs de décision et d'exécution non délégués à l'entrepreneur, sont exercés intégralement par le préfet. C'est lui qui procède aux adjudications, règle les budgets, ordonnance les dépenses, décide des aliénations, achats et échanges de propriétés, accepte les dons et les legs à titre définitif intente les actions judiciaires, négocie les transactions, règle le service intérieur.

§ 2. — *L'entrepreneur*

L'entrepreneur exerce son action dans les limites des charges et conditions de son contrat. Il assure les services économiques, gère les biens, assure la police intérieure de l'établissement et la direction du personnel subalterne.

§ 3. — *La commission de surveillance*

Les commissions de surveillance sont composées de quatre membres nommés par le préfet et du maire de la commune dans les mêmes conditions que les commissions administratives. Comme leur nom l'indique, elles contrôlent l'exécution du marché ; elles signalent dans des rapports trimestriels adressés au préfet par le président leurs observations sur la marche du service et les améliorations qui leur paraissent nécessaires.

Elles délibèrent en outre à titre consultatif sur les affaires soumises à leur examen par le préfet.

CHAPITRE IV

Hôpitaux coloniaux (*Suite*). — Budget

Le régime financier des hôpitaux coloniaux diffère sensiblement de celui des hôpitaux communaux.

Le budget est délibéré, selon le cas, par la commission administrative, ou, sur la présentation du directeur, par la commission consultative (1). Il n'est pas, cela se conçoit, soumis à l'approbation du conseil municipal ; il est envoyé directement par le président de la commission au Préfet qui l'*arrête* définitivement (2). Il importe de souligner le terme, *arrêter*, employé ici par le décret de 1874 ; cette expression indique nettement le pouvoir d'autorité dont dispose le Préfet à l'égard des hôpitaux coloniaux et qui lui permet d'intervenir activement dans l'administration de ces établissements.

Le budget est alimenté (3) par :

1° Le produit des biens ;

2° Les produits divers résultant de la vente des objets hors service ;

3° Les dons et legs ;

4° Les subventions ;

5° Le remboursement du prix de journée par les collectivités tenues au secours ou par les particuliers.

En réalité les trois premières catégories de recettes sont extrêmement peu importantes. Les hôpitaux algériens, — coloniaux et communaux, — n'ont guère de biens ; certains en sont même privés ; la plupart d'entre eux sont pourvus de

---

(1) Article 12 § 1er du décret du 23 déc. 1874.
(2) *Ibid.* § 1er
(3) *Ibid.* § 2.

dotations qui leur ont été attribués en vertu d'un décret du 18 septembre 1860 et de décrets postérieurs rendus en exécution de la loi du 12 avril 1880 (1) ; mais les revenus de ces biens, qui consistent en terres ou maisons indigènes, dont l'entretien est onéreux et la location difficile, sont peu élevés ; il serait à souhaiter que des terrains domaniaux, encore très nombreux, leur soient concédés gratuitement. D'autre part, bien rares et bien minimes sont les dons et legs dont bénéficient les établissements hospitaliers : en Algérie, pays de réalisation, l'altruisme ne menace guère les fortunes privées.

Les subventions de la Colonie pour constructions et grosses réparations, pour achat et renouvellement de matériel et de linge, constituent, au contraire, une ressource des plus appréciables. Mais surtout, le principal revenu des hôpitaux, leur unique revenu régulier, c'est le remboursement des frais de journées.

Le tarif de remboursement du prix des journées de malades est arrêté chaque année, au mois de janvier, par le Préfet en Conseil de préfecture. Il est fixé pour chaque établissement séparément, en prenant pour base le montant des dépenses de l'année précédente, divisé par le nombre de journées de malades pendant la même période ; on ne fait pas état, dans ce calcul, des dépenses de constructions et de grosses réparations ni des dépenses d'achat de matériel et de linge, qui ne figurent que pour ordre au budget de l'établissement et sont en réalité à la charge de la Colonie (2).

---

(1) Loi affectant à la constitution d'une première dotation des hôpitaux civils en Algérie les sommes qui pourraient être perçues en sus du montant de la contribution de guerre imposée aux tribus révoltées. EST. et LEF., p. 527.

(2) Décret du 23 décembre 1874, art. 12.

CHAPITRE V

Hôpitaux coloniaux (*Suite*). — Personnel

Nous avons déjà eu l'occasion de signaler qu'en ce qui concerne leur personnel, les hôpitaux coloniaux n'ont qu'une capacité restreinte. L'article 3 du décret du 23 décembre 1874 décide, en effet, que le Gouverneur Général règle les cadres et le mode de nomination des agents. Cette disposition a eu pour conséquence, — inévitable, — de permettre au Gouverneur Général de réserver à l'autorité supérieure la haute main sur le personnel de l'administration hospitalière, et cela, avec juste raison, puisque la Colonie est financièrement intéressée à la bonne gestion des établissements.

Nous retrouvons ici, naturellement, les trois subdivisions du personnel : personnel administratif, personnel de santé, personnel auxiliaire. Les deux premiers ont un intérêt particulier pour nous, puisqu'ils obéissent à des règles très différentes de celles qui régissent les hôpitaux communaux.

§ 1ᵉʳ. — *Personnel administratif*

Le personnel administratif d'un hôpital se compose :

1° D'un directeur (pour les établissements qui ne sont pas administrés par une commission administrative) ;

2° d'un receveur-économe (le plus généralement la fonction est scindée et partagée entre un économe pour la partie économique et un receveur) ;

3° d'un nombre variable de commis.

L'arrêté du 27 avril 1875, rendu en exécution du décret du 23 décembre 1874, attribuait aux préfets le droit de nomination de tous les agents. Un arrêté du 11 mai 1883 fit passer les directeurs sous l'autorité du Gouverneur général. Cette mesure fut étendue aux économes, aux receveurs et aux commis par l'arrêté du 30 décembre 1897 (1).

Depuis, d'autres règlements intervinrent, ceux du 6 décembre 1905 (2) et du 20 mars 1908 (3). Mais les conditions d'admission peu rigoureuses, l'incertitude de l'avancement, ne permettaient pas à l'administration de recruter des agents à la hauteur de la tâche délicate qui leur incombait. En 1909, sur l'initiative du directeur de l'Intérieur, M. Maginot, aujourd'hui sous-secrétaire d'Etat, une réforme beaucoup plus considérable fut réalisée.

Pour permettre de donner plus d'avenir aux débutants, de créer une hiérarchie moins étroite, les agents de l'administration hospitalière et ceux des services des enfants assistés furent réunis en un cadre unique, régis par des règles précises d'admission et d'avancement et les emplois supérieurs réservés presqu'intégralement aux gens de la carrière. D'autre part, pour les avoir mieux en main et pour dégrever d'autant les budgets hospitaliers leurs traitements furent mis à la charge du budget spécial (4).

A l'heure actuelle, le personnel des services d'assistance est encore organisé en vertu des dispositions de l'arrêté du 10 février 1909 qui n'a subi aucune modification de principe. Nous renvoyons pour le détail, à l'examen de ce texte (5).

---

(1) Est. et Lef., *Supplément* 1897, p. 130.

(2) Est. et Lef., *Supplément* de 1905.

(3) Est. et Lef., *Supplément* de 1908, p. 262.

(4) Sauf le receveur spécial, quand il y en a un, qui est payé par l'établissement.

(5) Arrêté du 10 février 1909 : Art. 1er. — Les fonctionnaires et agents administratifs des services hospitaliers de la Colonie forment, avec les fonctionnaires et agents du service des enfants assistés, le personnel des services d'assistance publique de l'Algérie. — Ce personnel est divisé en trois catégories, savoir : *1re catégorie.* — Inspecteurs des services d'assistance et directeurs d'hôpitaux coloniaux. — *2e catégorie.* — Rédacteurs des services d'assistance et économes gestionnaires d'hôpitaux. — *3e catégorie.* — Commis principaux et commis des services d'assistance. — Nul ne peut être admis dans les cadres du personnel des services d'assistance s'il est âgé de plus de 3 ans. Cette limite d'âge est reculée d'une durée égale au nombre d'années d services antérieurs ouvrant des droits à une pension de retraite.

2. Les inspecteurs et les directeurs sont recrutés au choix parmi les rédac

§ 2. — *Personnel de santé*

Le personnel de santé se compose des médecins et des chirurgiens attachés à l'établissement. Leur nombre est fixé, pour

---

teurs appartenant au moins à la 2ᵉ classe ou les économes appartenant au moins à la 1ʳᵉ classe, et portés au tableau général d'avancement pour les fonctions de contrôle ou de direction. Le gouverneur général peut toutefois appeler aux fonctions d'inspecteurs ou de directeurs, dans la limite d'une nomination sur quatre, et par priorité, les fonctionnaires et agents commissionnés, en activité, des diverses administrations civiles, nommés par décrets ou par arrêtés du gouverneur général et comptant au moins dix années de services administratifs. — Le cadre des inspecteurs et directeurs comprend quatre classes et une hors classe, savoir : — hors classe, 6.000 francs ; — 1ʳᵉ classe, 5.500 francs ; — 2ᵉ classe, 5.000 francs ; — 3ᵉ classe, 4.500 francs ; — 4ᵉ classe 4.000 francs. Le directeur de l'hôpital de Mustapha jouit à titre d'indemnité de fonctions, d'un supplément de traitement de 1.000 francs, qui peut être porté à 2.000 francs après trois années passées à la hors classe.

3. Les rédacteurs et les économes sont recrutés par voie de concours comportant une partie commune et une ou plusieurs épreuves particulières pour chacun des deux grades, d'après des programmes fixés par des arrêtés spéciaux du gouverneur général. — Sont seuls admis à prendre part à ces concours : — 1° Les commis d'assistance comptant au moins trois années d'exercice dans ces fonctions ; 2° Les agents appartenant depuis cinq années à des services publics de France et d'Algérie et possédant le grade de bachelier, le brevet supérieur de l'enseignement primaire, le certificat supérieur de législation algérienne ou des titres jugés équivalents. — Le gouverneur général peut toutefois appeler directement, et par priorité, aux fonctions de rédacteurs et d'économes, dans la limite d'une nomination sur quatre, des agents des administrations publiques comptant au moins cinq années de services, que leurs travaux ou services antérieurs désigneraient spécialement pour les fonctions de contrôle ou de gestion de l'assistance publique. — Le cadre des rédacteurs et économes comprend quatre classes et une hors classe, savoir : — Hors classe, 4.000 francs ; — 1ʳᵉ classe, 3.500 francs ; — 2ᵉ classe, 3.100 francs ; — 3ᵉ classe, 2.800 ; — 4ᵉ classe, 2.500 francs. — L'économe de l'hôpital de Mustapha jouit, à titre d'indemnité de fonctions d'un supplément de traitement de 500 francs, qui peut être porté à 1.000 francs après trois années passées à la hors classe. En cas de nomination au grade supérieur, ce fonctionnaire sera nommé à la classe correspondant comme traitement au montant total des émoluments qu'il recevait comme économe.

4. *Commis principaux*. — Les commis peuvent être inscrits au tableau d'avancement pour le grade de commis principal, après six années passées dans la classe exceptionnelle. — Les commis principaux reçoivent les traitements suivants : — 1ʳᵉ classe, 3.000 francs ; — 2ᵉ classe (stage minimum : 5 ans), 2.700 francs.

Commis. — Les commis des services d'assistance sont nommés par le gouverneur général. Ils sont divisés en trois classes et une classe exceptionnelle, aux traitements ci-après : — Classe exceptionnelle, 2.400 francs ; — 1ʳᵉ classe, 2.100 francs ; — 2ᵉ classe, 1.800 francs ; — 3ᵉ classe, 1.500 francs ; — Les commis sont recrutés par voie de concours ouverts par des arrêtés du gou-

chaque hôpital, par le règlement intérieur. Ils peuvent être secondés par des élèves-internes.

verneur général qui fixent le nombre maximum des admissions à prononcer. — Le programme de ces concours est fixé par un arrêté du gouverneur général. — Les candidats admis sont astreints à un stage minimum de six mois au traitement de 1.200 francs ; à l'expiration du stage, leur chef de service présente sur leurs aptitudes un rapport au vu duquel le gouverneur général les titularise au traitement de 1.500 francs ou les astreint à un nouveau stage, à l'expiration duquel il est statué définitivement. Pour être admis à prendre part au concours de commis, les candidats devront justifier : — 1° Qu'ils sont français, âgés de 18 ans au moins et de 30 ans au plus. La limite d'âge est reculée d'un temps égal à la durée des services antérieurs civils et militaires ouvrant des droits à une pension de retraite ; — 2° Qu'ils jouissent d'une bonne santé ; — 3° Qu'ils sont de bonnes vie et mœurs.

5. Les classes des fonctionnaires et agents des services d'assistance publique d'Algérie sont personnelles. — Toute nomination se fait à la dernière classe de l'emploi. — Dans le cas où les fonctionnaires ou agents admis dans les cadres du personnel des services d'assistance publique de l'Algérie par application des articles 2, paragraphes 2 et 3, paragraphe 5, jouissaient dans leur situation précédente d'un traitement fixe supérieur à celui de la dernière classe de l'emploi, ils sont nommés à un traitement égal à celui dont ils jouissaient dans cette situation ou au traitement immédiatement supérieur. — L'avancement a lieu d'une classe à la classe immédiatement supérieure. — Les avancements de classe ont lieu d'après un tableau général d'avancement arrêté à la fin de chaque année par le gouverneur général, après avis des trois préfets d'Algérie. Pourront être portés sur le tableau, les agents comptant, dans leurs classes ou dans leurs grades, le minimum d'ancienneté fixé par décision spéciale du gouverneur général. — Ce tableau qui comprend deux parties distinctes pour les fonctions de contrôle et de direction, est publié au *Bulletin officiel* du gouvernement général de l'Algérie, dans le courant du mois de janvier suivant. Il peut être revisé et complété, dans les mêmes formes, dans le courant de juillet. Aucun agent ne peut recevoir d'avancement s'il n'est porté sur ce tableau. Si dans quelque circonstance extraordinaire, il y a lieu de porter d'office au tableau un candidat dont les services méritent une récompense immédiate, cette mesure doit être l'objet d'une décision spéciale et motivée du gouverneur général, prise sur la proposition du préfet. — Toute nomination ou promotion de fonctionnaires et agents des services d'assistance est publiée au *Bulletin officiel* du gouvernement général de l'Algérie.

. . . .

7. Les peines disciplinaires qui peuvent être appliquées au personnel des services d'assistance sont : 1° Le blâme simple avec inscription au dossier ; — 2° Le blâme sévère entraînant un retard minimum de six mois dans l'avancement ; — 3° Le retrait d'une classe ; — 4° La rétrogradation ; — 5° La suspension de fonctions, soit pour une durée déterminée, soit sans limitation de durée ; — 6° La révocation. — Les blâmes sont prononcés par le préfet : le retrait de classe, par le gouverneur général, après avis du préfet, l'intéressé ayant été mis en mesure de produire des explications écrites. — La rétrogradation, la suspension de fonctions et la révocation sont prononcées par le gouverneur général, après avis d'un conseil de discipline. — Aucune réintégration dans les cadres ne peut être prononcée qu'après avis d'un conseil de discipline, si l'exclusion a eu lieu par mesure disciplinaire.

. . . .

L'arrêté du 27 avril 1875 avait confié au Préfet le soin de
nommer les médecins et les chirurgiens ; mais l'arrêté du
16 février 1886 (1) le transféra au Gouverneur Général.

L'arrêté du 7 juin 1904 soumit à un concours les candidats
aux emplois de ce genre dans les hôpitaux d'Alger, d'Oran, de
Constantine, de Bône, de Philippevile(2).

§ 3. — *Conséquence du mode de nomination des agents
et du personnel médical*

Il est de jurisprudence, dans la Métropole, de déclarer les
hôpitaux civilement responsables, conformément aux dispositions de l'article 1384 du code civil, pour les actes commis
par les agents administratifs ou par les membres du corps
médical, dans l'exercice de leur fonction. Il y a lieu de signaler
cependant que la Cour de Cassation de Belgique, — où est
applicable l'article 1384, — prétend que ce texte n'impose la
responsabilité du fait d'autrui qu'à ceux qui ne sont pas forcés
de se substituer des domestiques et préposés ou qui ne s'y
déterminent que par des considérations d'utilité particulière (3);
cette thèse, qui aurait pour effet de dégager en toutes circonstances la responsabilité des établissements hospitaliers, outre
qu'elle nous paraît singulièrement en contradiction avec la
conception moderne en cette matière, n'a pas été adoptée par
la jurisprudence ni par la doctrine française ; il n'y a pas lieu
de nous y arrêter.

Un tempérament, cependant, est apporté chez nous à la
rigueur de l'article 1384. La responsabilité du mandant n'est
engagée que s'il a choisi lui-même librement ses commettants.
Ainsi il a été jugé que les membres du corps médical des
hôpitaux de Paris, nommés par le Ministre de l'Intérieur, à la
suite d'un concours, par application de l'article 6 de la loi
du 10 janvier 1849, ne sont pas les préposés de l'Administra-

(1) Est. et Lef., p. 672.
(2) Est. et Lef., *Supplément* 1904, p. 40, modifié par arrêté du 13 juin 1905.
(3) Cass. belge 17 mai 1794, hôp. St-Josse (Rev. des Et. de Bienf.) 1895, p. 219.

tion de l'Assistance publique, qui ne peut, par suite, à titre de commettant, être déclarée responsable de leurs actes (1).

Dans ces conditions, les hôpitaux coloniaux algériens, ne peuvent, en aucune circonstance, être poursuivis civilement en garantie, pour des actes commis soit par les médecins ou chirurgiens soit par un agent administratif.

§ 4. — *Personnel subalterne*

Il n'en serait pas de même pour les sous-agents et gens de service. Cette catégorie d'employés, composée des auxiliaires d'administration, des surveillants, des infirmiers, des jardiniers, etc., est, en effet, recrutée, avancée par le directeur lui-même ou par la commission administrative.

Il n'y a donc pas, à ce sujet, à signaler de différence avec les hôpitaux de la Métropole. Remarquons toutefois que la laïcisation n'a pas encore été réalisée : le service de surveillance continue a être assuré par des congréganistes avec lesquelles les établissements ont passé des contrats. Mais depuis l'année dernière fonctionne à l'hôpital Parnet, à Hussein-Dey, près d'Alger une école de *nurses*, instituée sur le modèle de l'Ecole du Tondu de Bordeaux. Cette création, dont on ne saurait trop louer le Gouverneur Général actuel et dont elle est l'œuvre personnelle, est destinée à former une pépinière de surveillantes laïques qui, lorsqu'elles seront assez nombreuses, remplaceront les religieuses.

Le personnel des infirmiers et infirmières proprement dit, est des plus difficile à recruter. Cela tient au travail pénible qui leur échet et au faible salaire qui leur est attribué (2). Leur valeur professionnelle est généralement au-dessous de la médiocrité. Le Gouvernement général avait eu l'idée d'instituer à leur profit une école à l'hôpital de Mustapha. Mais le peu d'assiduité des élèves, l'indifférence des professeurs ont fait que cette école, toujours existante sur le papier, ne fonctionne plus depuis deux ou trois ans.

---

(1) DEROUIN, WORMS, GORY, *op. cit.*, tome II, p. 193. — Tribunal de la Seine, 27 déc. 1894, Vve DRIOT ; id., 10 avril 1858.

(2) De 30 à 100 francs par mois.

CHAPITRE VI

Établissements spéciaux aux Indigènes

L'accession de la population indigène à l'usage de nos services d'assistance médicale ne s'est faite que progressivement. Presque tout de suite, sans doute, les établissements, quoique créés pour nos concitoyens, leur étaient ouverts; mais, outre que ces établissements suffisaient à peine aux besoins des Européens, et disposaient seulement de peu de place pour les indigènes, ils inspiraient à ces derniers une certaine méfiance.

Ce sentiment a, aujourd'hui, presque complètement disparu; l'expérience même démontre que l'hospitalisation est un bienfait recherché par les Arabes et les Kabyles, puisque le contrôle central des services d'assistance a pu compter, parmi les professionnels de la charité publique, un nombre imposant de nos sujets.

Autrefois, l'administration devait se préoccuper d'attirer l'indigène dans nos hôpitaux et de le persuader d'accepter les soins de nos médecins; aujourd'hui, elle a à faire face à des besoins impérieux d'une partie considérable de la population de la colonie.

Ces deux étapes de l'histoire sociale de la colonie ont donné naissance à deux institutions ayant, en apparence, le même objet, mais conçues dans un esprit très différent : les hôpitaux indigènes et les infirmeries indigènes.

Les premiers ont été créés à l'instigation du cardinal Lavigerie, par les Missions d'Afrique. Ils étaient destinés, dans l'esprit de leur fondateur, à attacher aux religieux, par la reconnaissance, les populations musulmanes et à faciliter ainsi les conversions. Il faut bien le dire, — sans parti-pris, — cette tentative de prosélytisme n'a été couronnée d'aucun succès.

Mais le cardinal Lavigerie avait réussi à intéresser à son essai les pouvoirs publics. Ceux-ci espéraient que les indigènes accepteraient mieux d'entrer dans un hôpital, fait pour eux et pour eux seuls, où ils n'auraient pas à redouter le contact permanent avec les *roumis;* où ils seraient nourris et installés à leur mode. A ce point de vue, sans avoir rendu tous les services qu'on en attendait, les hôpitaux indigènes ont assez bien rempli leur rôle. Ce résultat suffirait à justifier les accords conclus par l'Administration avec les Pères Blancs, si ceux-ci ne s'étaient fait consentir des avantages exagérés.

Les bâtiments ont été construits sur des terrains appartenant aux Missions, au moyen de subventions de l'Etat, qui s'est engagé, en outre, à rembourser les journées d'hospitalisation des malades indigents, moyennant un tarif fixé définitivement (Hôpital Sainte-Elisabeth des Attafs), ou arrêté annuellement (Sainte-Eugénie des Beni-Menguellet, Arris, Lavigerie). Ces hôpitaux sont des établissements privés, soumis seulement à un vague contrôle de l'Etat (1).

Il n'y a que quatre établissements de ce genre en Algérie; ils reçoivent aujourd'hui un nombre relativement peu important de malades (2).

Les infirmeries indigènes sont des institutions beaucoup plus récentes, car elles ont été instituées en 1902 seulement. A cette époque, devant les besoins grandissants de la population musulmane, M. Jonnart, Gouverneur général, eut l'heureuse idée d'organiser, à l'usage propre des indigènes, dans les régions où l'élément européen est trop peu dense pour justifier la création d'un hôpital, une sorte d'établissement, très modeste, où, sans qu'il soit fait de la grande chirurgie ou de la grande thérapeutique, ils trouveraient des soins sérieux pour des affection assez graves, les malades trop sérieusement atteints devront y trouver simplement les premiers soins en attendant leur transfert sur un hôpital.

A la suite de M. Jonnart, et pour inciter les municipalités à réaliser la réforme, les assemblées algériennes inscrivirent,

_____

(1, 2) Ils sont soumis à la visite des inspecteurs de l'assistance, et doivent remplir certaines conditions d'aménagemedt prévus par les contrats.

au budget de 1902, un crédit destiné à subventionner les communes.

Les circulaires gouvernementales des 27 mai 1910, 6 octobre 1903 et 5 décembre 1904, exposent nettement le caractère et le but de l'institution.

« Il s'agit de créer, à l'usage des indigènes, non pas des hôpitaux proprement dits, pourvus de tous les perfectionnements modernes et dont les frais de construction dépasseraient les ressources dont nous disposons, mais des installations modestes et peu coûteuses, présentant toutes les conditions de solidité, d'hygiène et de propreté indispensables, sans aucun luxe d'aménagement ni d'ornementation » (1).

Les dépenses d'installation et de fonctionnement incombent, en effet, aux communes ou aux bureaux de bienfaisance musulmans.

Les infirmeries n'ont pas, — et ne peuvent avoir, d'ailleurs, — la personnalité morale. Leurs recettes et leurs dépenses se confondent avec celles du budget de la commune ou du bureau de bienfaisance dont elles dépendent. Leur administration appartient, par conséquent, aux autorités municipales. La police extérieure est réglée de concert entre la municipalité et le médecin.

Le service médical est assuré soit par le médecin de colonisation, soit par le médecin communal, moyennant une indemnité assez peu élevée (2). Ce praticien est assisté d'un ou plusieurs infirmiers indigènes nommés par le maire ou l'administrateur, sachant lire et écrire et mariés, autant que possible, pour que leurs femmes puissent servir d'infirmières à l'occasion (3).

Les communes font aussi très fréquemment appel au concours des *auxiliaires médicaux indigènes*. Ces auxiliaires (4) ont été créés par M. Jonnart, dans le but de répandre dans les

_____

(1) Circulaire du Gouv. Gén. du 5 décembre 1904.
(2) Circulaire du Gouv. Gén. du 27 mai 1902.
(3) Circulaire du Gouv. Gén. du 5 décembre 1904.
(4) Circulaire du Gouv. Gén. du 14 septembre 1904.

douars, l'usage et la méthode de la médecine européenne, pour exercer, parmi les musulmans, la médecine usuelle. Ils sont recrutés par voie de concours parmi les indigènes algériens, âgés de dix-neuf à vingt ans et possesseurs du certificat d'études primaires, et sont soumis à deux ans d'études techniques élémentaires et essentiellement pratiques (1), à la Faculté mixte de médecine et de pharmacie d'Alger.

Il existe, à l'heure actuelle, 82 infirmeries indigènes en Algérie.

(5) Dépêche du Gouv. Gén. du 31 décembre 1904.

CHAPITRE VII

Administration centrale

Les pouvoirs de l'administration supérieure en matière d'assistance hospitalière sont, nous venons de le voir, beaucoup plus considérables en Algérie qu'en France. Ils étaient exercés, au début, par le préfet auquel était dévolue toute la partie active (surveillance, contrôle, administration directe), et par le Gouverneur général qui se contentait d'exercer le droit de réglementation à lui confié par l'article 25 du décret du 23 décembre 1874.

Mais l'action de l'administration centrale ne pouvait manquer de s'accroître. Le personnel des hôpitaux, retiré aux préfets, servit au Gouverneur général de prétexte pour intervenir fréquemment dans la gestion des établissements.

A l'heure actuelle, sans que la législation ait été modifiée, le préfet s'est vu presque entièrement dépouillé de ses pouvoirs propres et a été transformé en simple mandataire du Gouverneur général qui dirige d'Alger, l'ensemble des services.

L'importance croissante des attributions nécessita la création au Gouvernement général, de bureaux et d'agents spécialisés. Les affaires d'assistance sont étudiées et préparées par le deuxième bureau de la direction de l'Intérieur (arrêté du 30 mars 1909). Malheureusement, le personnel de ce bureau, par suite des nominations et des mutations qui se produisent dans les cadres, se renouvelle constamment; chef, sous-chefs, et rédacteurs ne font guère que passer. Cela n'est pas sans inconvénients et, s'il y a des tâtonnements, des décisions prises trop rapidement, il faut l'imputer à l'absence d'agents vraiment compétents; car l'assistance publique est un des rouages les plus délicats et les plus difficiles à connaître de l'administration.

Toutes les questions d'assistance devraient, en bonne règle, être soumises au deuxième bureau de l'intérieur; les infirmeries et les consultations indigènes sont rattachées à la direction des affaires indigènes. On a plusieurs fois critiqué, à juste titre, les attributions de cette direction qui constitue à elle seule une administration presque complète, parallèle à l'administration européenne (1); on doit reconnaître combien est regrettable, pour ce qui nous occupe, cette séparation, d'autant moins logique que les musulmans profitent à la fois des établissements de bienfaisance européens et des établissements qui leur sont spéciaux. Un fait souligne encore davantage cette bizarrerie, les hôpitaux indigènes relèvent de la direction de l'intérieur depuis 1904.

Le Gouverneur général est assisté d'un inspecteur général des services d'assistance. Cet emploi a pour origine le service de l'inspection centrale des établissements de bienfaisance, créée par arrêté du 13 juillet 1886 (Est. et Lef. p. 688), supprimée par décision du 21 janvier 1902 (Est. et Lef. *Suppl.* 1902-03, p. 24). Il a été confié tout d'abord par un sous-chef de bureau du Gouvernement général (arrêté du 25 juin 1906) et est, depuis 1911, rempli par un fonctionnaire spécial.

Depuis 1909, à côté de l'inspection générale, fonctionne un service de contrôle tout à fait intéressant : il s'agit du contrôle central des services d'assistance. D'abord timidement et presque clandestinement organisé, pour la recherche du domicile de secours dans le département d'Alger, il n'a cessé de grandir. A l'heure actuelle, ses attributions sont les suivantes : contrôle des opérations de recherche du domicile de secours; imputation d'office des frais de traitement à la charge des communes; imputation au compte du budget spécial; contrôle des admissions des malades et des vieillards dans les hôpitaux et hospices; abus de séjour; contentieux du domicile de secours; vérification des dépenses à la charge de la colonie; vérification des comptes moraux des directeurs et des comptes de gestion des

(1) LARCHER, *op. cit.*, t. I, p. 514.

économes; contrôle des services des enfants assistés et de la protection du premier âge.

L'action méthodique et continue de ce bureau a eu pour conséquence une diminution considérable de dépenses d'hospitalisation pour le budget algérien.

Le décret du 11 novembre 1884, a institué près du Gouvernement général un comité consultatif d'assistance publique. Ce comité est chargé de l'étude et de l'examen de toutes les questions qui lui sont soumises par le Gouverneur général. Il est présidé par le Gouverneur général ou le secrétaire général du gouvernement, et est composé de : deux délégués financiers; **deux conseillers du gouvernement;** le directeur de l'intérieur; le médecin-inspecteur, chef du service de santé du XIXe Corps d'armée; trois docteurs désignés par la Faculté de Médecine; trois docteurs appartenant aux services hospitaliers, **désignés** par le Gouverneur général; l'ingénieur en chef des ponts et chaussées du département d'Alger; du chef du deuxième bureau de l'intérieur, du directeur de l'Hôpital de Mustapha; de l'inspecteur des établissements de bienfaisance d'Alger.

Ce comité est entendu à titre essentiellement facultatif. En fait, il a été toujours consulté sur les grandes questions d'assistance.

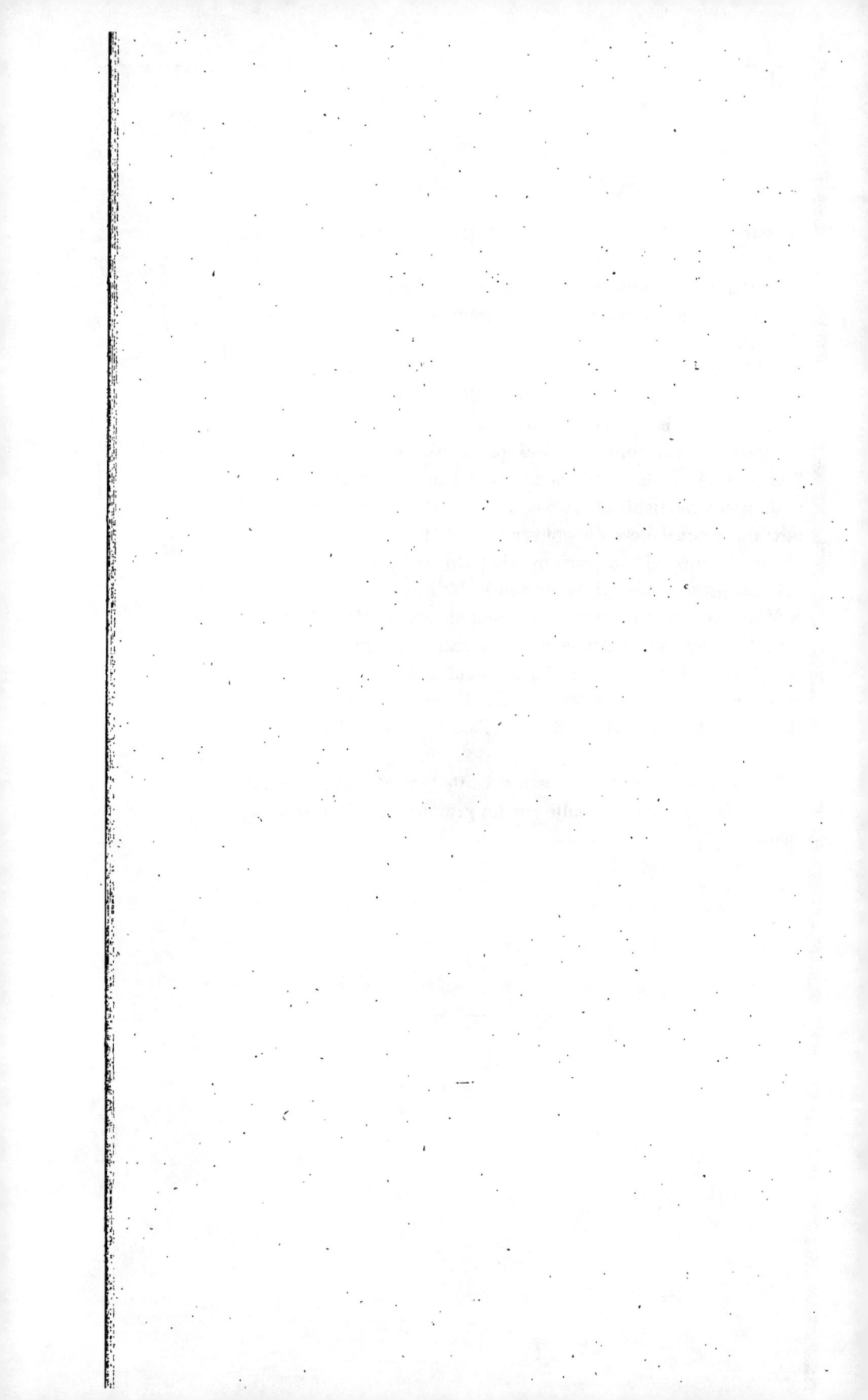

TROISIÈME PARTIE

Fonctionnement de l'Assistance hospitalière

La multiplicité des types d'établissements hospitaliers qui concourent au fonctionnement de l'assistance hospitalière a pour conséquence inévitable de compliquer un peu les règles de ce fonctionnement.

Il est un principe, presqu'absolu, qui nous guidera dans le cours de cette troisième partie, c'est que le séjour des malades quels qu'ils soient doit toujours être payé aux hôpitaux. Nous diviserons donc les malades en deux grandes catégories : les payants et les indigents. Pour les premiers pas de difficultés ; mais pour les indigents, il y a lieu de déterminer par qui doivent être payés leurs frais de traitement. Ce sont les règles du domicile de secours qui nous fixeront à ce sujet.

7

CHAPITRE Ier

Du domicile de secours

Dans l'état actuel de l'organisation charitable de la métropole et de l'Algérie on peut définir le domicile de secours comme *la relation juridique qui existe entre un individu et la collectivité tenue à l'assister en cas d'indigence* (1). Il ressort de cette définition, combien sont importantes les règles qui président à l'acquisition ou à la perte de ce domicile, et qui sont, en quelques sorte, les *répartitrices* des charges d'assistance.

Aussi étudierons-nous cette matière avec quelque développement. Mais notre étude ne saurait avoir d'intérêt si nous la limitions à la réglementation algérienne, qui n'a jamais été que la copie plus ou moins fidèle de la législation française. Nous commencerons donc par examiner rapidement cette législation.

*
**

SECTION I

Le domicile de secours en France

La réglementation du domicile de secours en France est passée par trois phases successives correspondant chacune à une organisation différente de l'assistance.

Le décret-loi du 24 vendémiaire an II (2) avait organisé un

---

(1) Le décret-loi du 24 vendémiaire an II le définissait comme « le lieu où l'homme nécessiteux a droit aux secours publics ». Cette définition n'est pas conforme à la législation moderne qui n'admet généralement pas le droit au secours ; elle était en outre assez mal rédigée : un domicile n'est pas un lieu, mais un *lien de droit*. On peut s'étonner qu'elle ait été reprise par la majorité des auteurs.

(2) V. *suprà*, p. 27.

vaste système d'assistance générale dont les caractéristiques principales étaient la prise en charge par la Nation des dépenses du service et la reconnaissance aux nécessiteux *du droit au secours* (1). Dans un pareil système, le règlement du domicile de secours n'avait qu'un intérêt purement administratif : faciliter la distribution matérielle des secours et la répartition sur tout le territoire du contingent voté annuellement par le Parlement. Mais s'il était nécessaire que tout citoyen ressortît à une localité pour y exercer son droit, il importait peu que ce fût ici plutôt que là, puisque l'imputation de la dépense était toujour la même (2).

Aussi le titre V de la loi attribuait-il à tous, en règle générale, un domicile de secours facile à déterminer : « *Le lieu de naissance*, dispose l'article 2, *est le lieu naturel du domicile de sesours.* » C'était, en effet, celui du mineur (article 7), qui le conservait, une fois majeur, tant qu'il n'en avait pas acquis un autre (article 11). L'indigent pouvait acquérir un nouveau domicile pourvu qu'il satisfît aux conditions et formalités suivantes : 1° être âgé de plus de 21 ans (article 8) ; 2° résider depuis douze mois dans la commune, dont six au moins postérieurement à la majorité (articles 4 et 8) ; 3° s'être fait inscrire au greffe de la municipalité, le séjour ne comptant qu'à dater de cette inscription (article 5) ; 4° être pourvu de passeports et certificats constatant qu'il n'est point homme sans aveu faute de quoi la municipalité pouvait lui refuser le domicile (article 6). Le domicile volontaire comme celui de naissance se perdait par l'acquisition d'un nouveau domicile.

Toutes ces formalités, qui impliquaient l'intervention active de la volonté de l'intéressé, se justifiaient très bien dans une organisation faisant du droit au secours un attribut essentiel de la capacité civique ; les conditions spéciales faites à certaines catégories d'individus s'expliquaient pareillement : la mise à l'index des vagabonds (article 6) qu'on estimait déchus de leur qualité de citoyens ; le double stage imposé aux domestiques

(1) V. *suprà* p. 11 et suiv.
(2) Cf. ELIE de BIRAN, *Le domicile de secours*, R. G. A. 1882.

(article 14) (1), considérés comme ayant subi une sorte de *deminutio capitis* ; l'exemption de toute résidence, accordée au soldat ayant combattu pour la liberté (article 15) (2).

La loi du 24 vendémiaire an II n'est jamais entrée en vigueur. Naturellement, le titre V subit le même sort ; mais, par une fortune bizarre, il fut, en quelque sorte, promulgué au bout de quarante-cinq ans par la loi du 30 juin 1838, sur les aliénés. L'article 28 de cette loi a prévu, en effet, que la commune du domicile de secours participait aux dépenses d'entretien de tout aliéné indigent placé dans un asile ; cette disposition présumait établies des règles du domicile de secours ; le titre V de la loi de l'an II, seul texte existant en la matière, — non appliqué, il est vrai, mais non abrogé, — fut ainsi rendu exécutoire. Par la suite d'autres lois s'y référèrent encore tacitement: la loi du 7 août 1851 sur l'assistance hospitalière (3), la loi du 5 mai 1869 sur le service des enfants assistés (4). En somme, vers le milieu du XIXe siècle, le titre V de la loi de l'an II était le code général du domicile de secours.

Mais l'esprit qui avait présidé à l'élaboration des lois de 1838, 1851 et 1869 n'était pas du tout celui qui régnait au sein de la Convention. Le système de la charité centralisé entre les mains de l'Etat avait disparu ; le *droit aux secours* était virtuellement abrogé ; l'assistance, en même temps qu'elle était *localisée* avait un caractère de pure libéralité ; le domicile de secours ne conférait plus un *droit* mais une *aptitude* à être secouru. Dans ces conditions, la fixation du domicile de secours avait une portée tout à fait différente ; elle n'était plus mesure d'ordre, administrative ; elle établissait la collectivité qui pouvait ou devait, selon le cas, assister l'indigent. Les règles du

(1) Article 14. — Ceux qui auront resté deux ans dans la même commune en louant leurs services à un ou plusieurs particuliers, obtiendront le même droit.

(2) Article 15. — Tout soldat qui aura combattu un temps quelconque pour la liberté avec des certificats honorables, jouira de suite du droit de domicile de secours dans le lieu où il voudra se fixer.

(3) Art. 3 et 4, v. p. 28.

(4) Art. 5, 4°.

titre V ne cadraient donc plus avec l'organisation de l'assistance
publique et elles auraient dû être remaniées pour correspondre
à la réalité des choses. Mais le législateur ne s'embarrassa pas
de la question et laissa à la jurisprudence administrative le
soin de corriger ce qu'il y avait de défectueux dans le texte.
Le Conseil d'Etat considéra comme abrogés les articles 5, 6 et
12 prescrivant l'inscription au greffe et la production de passeports, les articles 14 et 15 imposant le double stage aux domestiques et dispensant les militaires de toute résidence (1). Désormais le domicile de secours s'acquerrait : par la naissance et
par la résidence d'une année dans la même commune après
l'âge de 21 ans ; il ne se perdait que par l'acquisition d'un nouveau domicile.

Ainsi remaniée, la réglementation était encore loin d'être
parfaite. Il arrivait fréquemment qu'un individu conservât son
domicile de secours dans une commune qu'il avait quittée
depuis de nombreuses années ; il n'était pas rare que les membres d'une même famille ressortissent chacun à une localité
différente. L'utilité d'une réforme n'avait d'ailleurs pas échappé
à l'attention du moment. On lit ainsi dans le rapport des Inspecteurs généraux des établissements de bienfaisance de 1869 :
« ... Nous pensons que, pour donner satisfaction aux graves
intérêts qui sont en question, il y aurait lieu d'étudier les bases
d'une loi nouvelle réglant les conditions du domicile de secours
et déterminant les responsabilités à tous les degrés que nous
avons indiqués ». Néanmoins la réforme n'avait pas en elle-
même un caractère d'urgence. L'assistance aux aliénés et l'assistance aux enfants (2) n'imposaient aux municipalités que
des dépenses peu fréquentes et peu coûteuses ; en ce qui les
concernait, l'application du titre V de la loi de l'an II n'avait
guère l'occasion de soulever des récriminations de la part des
collectivités intéressées. En matière d'assistance hospitalière,
des conflits auraient pu se produire plus fréquemment ; mais

(1) ELIE de BIRAN, loc. cit., R. G. A. 1881.

(2) Les lois du 30 juin 1838 et du 5 mai 1864, ne demandaient aux communes
qu'une contribution aux frais d'entretien des aliénés et des enfants.

les dispositions de l'article 3 de la loi du 7 août 1851, en n'obligeant pas les communes, leur avaient permis d'esquiver toute charge et, par suite, avaient prévenu toute discussion quant au domicile de secours.

C'était bien plutôt l'assistance hospitalière, ou, plus largement, l'assistance médicale qui devait être l'objet d'une modification complète, dont la refonte des règles du domicile de secours eût été seulement le corollaire, mais corollaire indispensable. On le comprit, d'ailleurs, et les nombreux vœux émis soit par les Conseils généraux soit par d'autres assemblées politiques ou privées réclamaient, les uns comme les autres, à la fois la réforme de l'assistance hospitalière, l'institution de l'assistance médicale dans les campagnes et la révision du domicile de secours (1) (2).

Nous avons vu que le Conseil supérieur de l'Assistance publique, dans les résolutions adoptées au cours de sa première session de 1889, faisait également figurer parmi ses désiderata, la modification de la législation du domicile. Cette assemblée demandait : 1° que, comme en Belgique et en Allemagne, la femme eût le domicile de secours du mari et les enfants celui de leurs parents ; 2° que le domicile, s'acquérant par la résidence, se perdît par l'absence ; 3° qu'outre le domicile communal il y eût un domicile départemental et un domicile national.

Ce sont ces principes qui ont été mis en pratique par la loi du 15 juillet 1893, dont le titre II est ainsi conçu :

Art. 5. — Le domicile de secours s'acquiert :

1° Par une résidence habituelle d'un an dans une commune, postérieurement à la majorité ou à l'émancipation;

2° Par filiation. — L'enfant a le domicile de secours de son père. — Si la mère a survécu au père ou si l'enfant est un enfant naturel reconnu par sa mère seulement il a le domicile de sa mère. — En cas de

---

(1) Notamment vœu du Conseil général de la Seine-Inférieure, séance du 25 août 1885 relatif à : 1° la réforme de l'assistance hospitalière ; 2° la création d'un service d'assistance médicale dans les campagnes ; 3° la revision des règles qui président à l'établissement du domicile de secours.

(2) Voir *supra* chapitre II de l'Introduction.

séparation de corps ou de divorce des époux, l'enfant légitime partage le domicile de l'époux à qui a été confié le soin de son éducation;

3° Par le mariage. — La femme, le jour de son mariage, acquiert le domicile de son mari. — Les veuves, les femmes divorcées ou séparées de corps, conservent le domicile de secours antérieur à la dissolution du mariage ou au jugement de séparation.

Pour les cas non prévus dans le présent article, le domicile de secours est le lieu de naissance jusqu'à la majorité ou à l'émancipation.

Art. 7. — Le domicile de secours se perd :

1° Par une absence ininterrompue d'une année postérieurement à la majorité ou à l'émancipation;

2° Par l'acquisition d'un autre domicile de secours;

Si l'absence est occasionnée par des circonstances excluant toute liberté de choix de séjour ou par un traitement dans un établissement hospitalier situé en dehors du lieu habituel de résidence du malade, le délai d'un an ne commence à courir que du jour où ces circonstances n'existent plus.

Art. 8. — A défaut de domicile de secours communal, l'assistance médicale incombe au département dans lequel le malade privé de ressources aura acquis le domicile de secours.

Quand le malade n'a ni domicile de secours communal, ni domicile de secours départemental, l'assistance médicale incombe à l'Etat.

Art. 9. — Les enfants assistés, conformément à la législation en vigueur, sont à la charge du service départemental auquel ils appartiennent, jusqu'à ce qu'ils aient un domicile de secours.

*
* *

SECTION II

Le domicile de secours en Algérie

En Algérie la question du domicile de secours ne s'est pas posée avant 1874. Jusqu'alors en effet, les frais de traitement des indigents étaient supportés en bloc par la Colonie d'abord (1839-1858) et par les provinces ensuite (1858-1874). Le décret du 23 décembre 1874, après avoir décidé que les frais de cette nature incomberaient désormais aux communes du domicile de secours ou à la colonie (pour les malades sans domicile) ne fixa pas les règles d'acquisition ou de perte du domicile et parut s'en remettre, sur ce point, à la législation en vigueur,

comme avait fait le décret du 7 juin 1869 (1) sur les enfants
assistés. Or, cette législation n'existait pas, n'ayant pas encore
été nécessaire. Le titre V du décret loi du 24 vendémiaire an II,
en usage dans la Métropole, fut appliqué également en Algérie,
d'après le principe que les lois antérieures du 22 juillet 1834 y
avaient été promulguées par le fait même de l'annexion (2).

Il eût été préférable à tous les points de vue qu'on prît la
peine de doter la colonie d'une réglementation nouvelle, en
harmonie avec l'organisation du service. Nous avons esquissé
précédemment (3) les défauts du décret de vendémiaire en
matière d'assistance communales mais ces défauts étaient beaucoup moins sensibles en France où l'assistance était facultative,
qu'en Algérie où elle était obligatoire. « A cette époque, dit
M. le Dr Benoît à la séance de la délégation des non colons du
21 mai 1912, l'enfant avait un domicile de secours personnel
jusqu'à sa majorité, l'adulte acquérait le domicile de secours
pour un séjour ininterrompu (4) d'un an et ne le perdait que
par un séjour ininterrompu (4) de même durée dans une autre
commune. La commune avait ainsi à supporter parfois presqu'indéfiniment les frais d'hospitalisation de personnes que le
hasard de la vie y avait fait naître ou qui n'avaient fait qu'y
passer. Voici entre mille un fait caractéristique. Je le connais
bien, car il s'est produit dans la petite commune de Sidi-
Moussa, dont je suis le médecin. Le budget de Sidi-Moussa se
chiffre par quelques milliers de francs seulement.... Une jeune
fille, née dans ce village l'avait quitté à quatre ou cinq ans
pour venir habiter la grande ville. A l'âge de douze ou treize
ans, elle se laisse séduire, puis se livre à la prostitution. Conta-
minée presqu'immédiatement, elle entre à l'hôpital aux frais

(1) Rendant applicable en Algérie la loi du 5 mai de la même année.

(2) GIRAULT, *Précis de législation coloniale*, tome III ; LARCHER, *Traité de
législation algérienne*, tome I, p. 211 ; DE MÉNERVILLE, *Dictionnaire de législation algérienne*, Promulgation ; BECQUET, *Répertoire général du droit
administratif*, Algérie, nos 65 à 89 ; R. G. A. 1896, article de M. Dejanne.

(3) V. *supra*, section I.

(4) M. le Dr BENOIT a fait erreur : la jurisprudence admettant déjà que
la continuité du séjour n'était pas nécessaire pour acquérir le domicile du
secours. A ce sujet V. *infra*.

de la commune de Sidi-Moussa. Dès qu'elle est suffisamment
blanchie elle quitte l'hôpital pour reprendre sa vie de débau-
che. Elle la continua pendant une vingtaine d'années, courant
de ville en ville et passant des mois entiers, chaque année,
dans les hôpitaux de la Colonie. Au cours de cette longue
période, elle ne s'arrêta jamais suffisamment longtemps pour
acquérir un domicile de secours, si bien que pendant cette
vingtaine d'années, la malheureuse commune de Sidi-Moussa
eût à supporter pour elle des dépenses dont le total se chiffre
par plusieurs milliers de francs » (1). Des faits analogues à
celui rapporté par M. le Dr Benoît se produisaient constamment dans un pays où la famille n'était pas constituée, où
l'individu n'était pas attaché au sol comme dans la mère patrie.
Dans ces conditions, on demeure étonné que le décret de vendémiaire an II soit resté longtemps sans être modifié. Cela s'explique en partie par ce que, d'un côté, les dispositions du
décret-loi étant assez favorables au budget colonial, l'administration ne croyait pas avoir à provoquer une réforme, et que,
d'autre part, les municipalités, profitant de la difficulté des
enquêtes, égaraient les recherches et, par de faux renseignements, rejetaient sur le budget colonial une grande partie des
charges qui leur incombaient. Mais ces supercheries n'étaient
que des palliatifs illusoires à une situation lamentable qui s'ag-
gravait de jour en jour avec l'accroissement de la population.

La loi du 15 juillet 1893 parut apporter le remède nécessaire
aux communes. Elle avait abrogé, pour la France, le décret-loi
(article 36) et l'avait remplacé par des dispositions nouvelles
(art. 6 à 9). Ces dispositions, modificatives de la législation
antérieure, devaient-elles être considérées comme applicables à
l'Algérie ? C'est ce que pensait la commune de Batna qui se
pourvut contre un arrêté du préfet de Constantine du 18 juillet 1894 lui imposant d'office, conformément à l'article 9 du
décret-loi, les frais de traitement de divers indigents à l'hôpital
de Constantine.

(1) Comptes-rendus des séances des *Délégations financières*, session
de 1912, délégation des non-colons, p. 216.

Toute l'affaire reposait sur la portée accordée aux articles 6, 7, 8 et 9 de la loi de 1893. Ces articles constituaient-ils une réglementation spéciale aux malades indigents, ou générale et intéressant toutes les catégories d'assistés? L'article 36 ne paraît laisser aucun doute à cet égard: « Sont abrogées les dispositions du décret-loi du 24 vendémiaire an II, *en ce qu'elles ont de contraire à la présente loi.* » Or la loi du 15 juillet 1893 ne concernant que l'*assistance médicale,* l'article 36, en bonne logique, n'a abrogé le décret-loi qu'en ce qui touche seulement l'*assistance médicale.* Si quelque doute pouvait persister, il suffirait pour le dissiper de se reporter au passage suivant du rapport de M. Rey à la Chambre des Députés : « Le projet de loi du Gouvernement introduisant encore une modification relative à la durée de séjour nécessaire pour acquérir le domicile de secours : il la portait à deux ans.... Ce changement aurait, du reste, l'inconvénient de faire perdre à la législation du domicile de secours, l'unité qu'elle doit avoir. D'un côté se trouverait un domicile de secours pour les aliénés, pour les enfants assistés, pour les indigents secourus par les bureaux de bienfaisance et de l'autre un second domicile de secours pour les malades. » Pour que l'éventualité contre laquelle s'élevait le rapporteur pût se produire, il fallait évidemment que le décret-loi de vendémiaire an II continuât à être appliqué aux aliénés, aux enfants assistés, aux indigents valides et que le nouveau texte intéressât seulement les malades (1).

C'est cependant dans un sens contraire que devait se prononcer plus tard, dans un arrêt du 13 février 1897, le Conseil d'Etat. Cette jurisprudence, — inexacte, à notre avis, — était favorable à la thèse de la ville de Batna. En effet, elle reconnaissait dans la loi du 15 juillet 1893, deux parties nettement distinctes : le titre I relatif à l'assistance médicale et constitutif d'un droit nouveau, et le titre II relatif au domicile de secours en général et complètement abrogatif du titre V de la loi de

---

(1) Dans le même sens, Cf. CAMPAGNOLE, *op. cit.*, p. 287 et suivantes; *Bulletin annoté des lois et décrets,* par P. DUPRÉ et Camille LYON, 1893, p. 251, note 7.

l'an II ; or il est universellement admis qu'une loi postérieure à l'annexion et non déclarée applicable à l'Algérie, l'est néanmoins de plein droit si elle modifie la législation antérieure appliquée dans la colonie (1) ; on est donc amené à conclure que, par sa nature, le titre I de la loi de 1893 ne concerne pas l'Algérie, mais qu'au contraire le titre II, texte indépendant et général, est de plein droit applicable (2).

Par une de ces contradictions assez fréquentes dans sa jurisprudence, la haute Assemblée, dans un arrêt du 6 décembre 1895 déboutant la commune de Batna, déclara le décret-loi du 24 vendémiaire an II toujours en vigueur de l'autre côté de la Méditerranée (3). Singulière décision : les arrêts de 1895 et de 1897 aboutissent à cette conclusion paradoxale qu'un texte législatif, non promulgué en Algérie, et qui n'y a été appliqué que comme loi française, peut y recevoir encore application après avoir été abrogé en France !

La solution du pourvoi de Batna ne donnait pas satisfaction aux aspirations légitimes des municipalités ; celles-ci entreprirent une campagne pour obtenir un allègement de leurs charges hospitalières. L'écho de leurs doléances se fit entendre au sein des conseils généraux et dans les premières réunions des Délégations financières. Des délibérations réitérées, prises par cette dernière assemblée, en 1898, 1899, 1900 et 1901 aboutirent à la mise à l'étude d'un projet de réforme, passionnément discuté pendant la session de 1902 et consacré par un décret en date du 16 décembre de la même année.

En 1901 et 1902, on avait examiné s'il n'y aurait pas lieu de modifier le décret de 1874 et d'introduire en Algérie la loi de 1893. Certaines dispositions de cette loi furent reconnues absolument impraticables : notamment l'organisation du service médical à domicile, la participation des départements aux dé-

---

(1) Larcher, *Traité de législation algérienne*, tome 1, p. 221, et p. 462, note 5 ; De Ménerville, *Dictionnaire de l'Administration algérienne*, Vᵉ *Promulgation* ; M. Block, *Dictionnaire de l'Administration française*, Vᵉ *Algérie* ; R. G. A. 1896, article de M. Déjanne.

(2) Larcher, *op. cit.*, p. 462, note 5.

(3) Cf. Arrêt du C. E. 15 novembre 1901.

penses du service. On se contenta, sans toucher au décret de 1874, de réformer la législation du domicile de secours. La chose se fit très simplement : on reproduisit mot pour mot les articles du titre II de la loi de 1893, en supprimant on en changeant simplement les termes non conformes au régime algérien ; on obtint ainsi le texte suivant, qui constitue aujourd'hui le code du domicile de secours en Algérie (1) :

« Article premier. — Tout Français ou sujet français acquiert le domicile de secours en Algérie :

« 1° Par une résidence habituelle d'un an dans une commune, postérieurement à la majorité ou à l'émancipation ;

« 2° Par filiation. — L'enfant a le domicile de secours de son père. Si la mère a survécu au père, ou si l'enfant est un enfant naturel reconnu par la mère seulement, il a le domicile de sa mère. En cas de séparation de corps ou de divorce des époux, l'enfant légitime partage le domicile de l'époux à qui a été confié le soin de son éducation ;

« 3° Par le mariage. — La femme, le jour de son mariage, acquiert le domicile de son mari. Le veuves, les femmes divorcées ou séparées de corps conservent le domicile de secours antérieur à la dissolution du mariage ou au jugement de séparation. Pour les cas non prévus dans le présent article, le domicile de secours est le lieu de naissance jusqu'à la majorité ou à l'émancipation.

« Art. 2. — Tout Français ou sujet Français perd le domicile de secours en Algérie :

« 1° Par une absence ininterrompue d'une année postérieurement à la majorité ou à l'émancipation ;

« 2° Par l'acquisition d'un autre domicile de secours ;

« Si l'absence est occasionnée par des circonstances excluant

---

(1) Les dispositions du décret de 1902 sont en effet, sans contestation possible, en raison de leur caractère général, applicables à tous les modes d'assistance.

toute liberté de choix de séjour ou par un traitement dans un établissement hospitalier situé en dehors du lieu habituel de résidence du malade, le délai d'un an ne commence à courir que du jour où ces circonstances n'existent plus.

« Art. 3. — Les frais d'hospitalisation des indigents dépourvus de domicile de secours communal incombent à l'Algérie.

« Art. 4. — Les frais d'hospitalisation des étrangers admis dans les établissements hospitaliers sont supportés soit par les communes, soit par la Colonie, selon qu'ils remplissent ou non les conditions requises par l'acquisition d'un domicile de secours communal.

« Art. 5. — Les enfants assistés, conformément à la législation en vigueur, sont à la charge du Service départemental auquel ils appartiennent, jusqu'à ce qu'ils aient acquis un domicile de secours. »

De l'identité des termes du décret et de la loi, il résulte que l'interprétation administrative ou jurisprudentielle concernant celle-ci s'applique nécessairement à celui-là (1). Aussi, le commentaire qui va suivre, ne distinguera-t-il pas entre les deux textes.

***

SECTION III

Le Décret du 16 décembre 1902

—

ARTICLE PREMIER

Le domicile de secours s'acquiert désormais de quatre manières : par la résidence, par la filiation, par le mariage, et, exceptionnellement, par le lieu de naissance.

1° *Résidence.* — La résidence est le mode normal d'acquisi-

---

(1) Circulaire gouv. 29 décembre 1905.

bon. C'est, en effet, à force de vivre sur le territoire d'une commune qu'un individu arrive à participer à la vie collective des habitants, à prendre place dans la « famille municipale ». Pas besoin de formalités ! les faits se chargent de procéder seuls à cette *affiliation*, sous cette double condition évidente que l'intéressé soit, depuis un certain temps et de son plein gré, venu se fixer au sein de la communauté.

Le temps jugé nécessaire par le législateur est une année, délai prévu également par le décret-loi du 24 vendémiaire an II. « Le projet de loi du Gouvernement introduisait encore une « modification relativement à la durée de séjour nécesaire pour « acquérir le domicile de secours : il la portait de un à deux « ans (1). Ce changement n'a pas paru à la commission suffi- « samment justifié. Depuis un siècle, on est habitué à la dis- « position en vigueur et ce n'est pas contre elle que se sont « élevées les objections auxquelles a donné lieu la loi de ven- « démiaire. Lors de l'enquête faite en 1873 par l'Assemblée « nationale, les conseils généraux, questionnés à ce sujet, « répondirent au nombre de quarante-six. Six seulement « demandèrent que le délai fût augmenté ; tous les autres « furent d'avis qu'il fallait le laisser à un an ou même le « réduire à six mois. Il est probable que les quarante conseils « généraux qui n'ont pas fait connaître leur opinion étaient « ou indifférents ou partisans du statu-quo. Nous pensons donc « qu'il n'y a pas lieu de toucher à cette disposition » (2) (3).

La résidence doit être d'une année, mais il n'est pas indis- pensable qu'elle soit ininterrompue, il suffit qu'elle soit *habi-*

---

(1) Ce délai (d'un an) a paru trop court : la commune tenue à l'obligation de l'assistance médicale, ne doit être forcée d'en accorder le bénéfice qu'à ses propres enfants ou à ceux qui ont nettement manifesté l'intention de la choisir comme leur commune d'adoption. (Exposé des motifs du projet de loi de gouvernement).

La législation allemande prévoit un délai de deux ans (lois du 6 juin 1870 et 12 mars 1894.

(2) Rapport de M. Emile REY.

(3) Le délai d'un an n'a pas été adopté pour l'assistance obligatoire aux vieillards. (V. loi du 14 juillet 1905). Il a été vivement critiqué en Algérie, notamment au Congrès des Maires du département d'Alger les 20, 21, 22 mars 1910.

ducile, « ce qui implique dans la demeure un caractère de fixité » (1). Ainsi un indigène qui loue ses services pendant la durée des moissons et des vendanges et revient habituellement passer l'hiver dans son douar, a, dans ce douar, son domicile de secours ; le commis-voyageur, qui, entre ses tournées, revient régulièrement dans une localité acquiert le domicile de secours dans cette localité, pourvu que la durée totale de ses séjours soit égale à un an (2).

La résidence doit être volontaire. Cette nécessité avait été proclamée, sous l'empire du décret-loi de l'an II, par la pratique administrative qui l'avait fait admettre couramment. La loi de 1893 et le décret de 1902 confirmèrent cette façon de faire. La condition n'est pas, il est vrai, posée expressément par l'article 1er, mais elle résulte nettement du dernier alinéa de l'article 2, (si l'absence est occasionnée par des circonstances excluant toute liberté de choix de séjour...; le délai ne commence à courir que du jour où ces circonstances n'existent plus), qui a pour contrepartie indispensable que la résidence occasionnée par des circonstances excluant toute liberté de choix, n'entraîne pas acquisition du domicile de secours ; car, autrement, l'absent acquérant un nouveau domicile, perdrait l'ancien par application de l'article 2, ce qui serait contraire à l'alinéa sus-visé.

A la résidence involontaire, le décret assimile celle qui est occasionnée par un traitement dans un établissement hospitalier, non situé dans le lieu de résidence habituelle. Et c'est très juste, car bien que venu de son plein gré, le malade ou l'infirme reste étranger à la commune où se trouve l'hospice. Parmi ces établissements hospitaliers peut se ranger un asile privé de vieillards s'il est gratuit (3) ; mais il ne saurait en être de même des cliniques payantes, où le malade, en versant un prix de pension souvent très élevé, participe indirectement aux

---

(1) Inst. minist. du 18 mai 1894. Cf. ELIE de BIRAN, *Principes de l'Assistance publique en France*, R. G. A. 1881.

(2) Inst. du Gouv. gén. du 16 janv. 1913, préf. de Constantine.

(3) Déc. du Gouv. gén. du 23 décembre 1909, du 20 octobre 1912, asile de Bouzaréah.

charges communales au même titre que le voyageur descendu dans un hôtel. Le séjour d'un ouvrier volontaire dans une maison d'assistance par le travail est-il acquisitif du domicile de secours ? Oui, parce que ce séjour est volontaire et — même si l'on considère la maison d'assistance comme un établissement hospitalier, — ce qui est inexact, — n'est pas dû à un traitement ; il ne rentre donc dans aucun des cas exceptionnels prévus par le décret (1).

Comme incapables de résidence volontaires, on range naturellement les aliénés, qu'ils soient dans un asile ou en garde dans une famille ; les prisonniers, en quelque lieu qu'ils soient détenus. On ajoute aussi les militaires en activité de service (2), marins, gendarmes, cantiniers, et, par assimilation, les douaniers et les gardes forestiers. On justifie cette façon de faire en disant que les militaires n'ont pas le libre choix de leur garnison et sont l'objet de fréquentes mutations. Il ne nous paraît pas qu'ils soient, à ce point de vue, traités différemment que bien des fonctionnaires civils. On dit aussi qu'ils ne contribuent pas, comme les fonctionnaires, aux charges locales (3) ; mais c'est inexact pour les officiers mariés. Quoi qu'il en soit c'est une coutume définitivement entrée dans les habitudes administratives et consacrée par la jurisprudence.

De l'intervention nécessaire de la volonté, il résulte que les mineurs non émancipés ne peuvent acquérir un domicile de secours par la résidence. Aussi la loi exige-t-elle que la résidence soit postérieure à la majorité ou à l'émancipation. L'émancipation est un acte solennel ou dérive d'un acte solennel, le mariage ; elle est donc facile à établir. Quant à la majorité, on peut se demander si dans tous les cas il s'agit de celle du code civil, 21 ans, ou de celle dérivant du statut personnel de l'intéressé. C'est évidemment cette dernière seule qui compte, car c'est elle qui confère la capacité civile, la majorité

(1) Décis. du G. G. du 26 juin 1911, maison d'assistance de l'Harrach.
(2) Arr. du C. E. 8 mars 1854, 8 déc. 1893, 10 juillet 1896, 19 nov. 1909, etc.
(3) ELIE de BIRAN, *loc. cit.*, R. G. A. 1881.

du code ne concernant que les citoyens français. Dans ces conditions, les Kabyles, majeurs à dix-huit ans (1), peuvent avoir un domicile de secours à dix-neuf (2).

La femme mariée, tenue à l'obéissance vis-à-vis de son mari (art. 213 du C. C.) et obligée de le suivre partout où il veut se fixer (art. 214 du C. C.) n'a, pas plus que le mineur, la libre disposition d'elle-même. C'est pourquoi la loi a prévu pour l'un comme pour l'autre un mode spécial d'acquisition du domicile.

2° *Filiation.* — La loi de vendémiaire posait en principe que le lieu de naissance était le lieu naturel du domicile de secours du mineur. Il en résultait que les divers membres d'une même famille pouvaient avoir chacun un domicile de secours différent. Cette situation était incompatible avec le système de l'assistance communale ; il est juste que la cité qui profite de l'activité du chef de famille assume la charge éventuelle d'assister ses enfants ; l'identité du domicile de secours est également conforme au principe de l'autorité paternelle et de l'unité de la famille. Le mineur a donc, en règle générale, le domicile de son père ; à défaut de celui-ci, mort, disparu ou inconnu, il prend le domicile de sa mère héritière de l'autorité paternelle. En cas de séparation de ses parents, il partage le domicile de celui auquel il aura été confié. Mais si le père et la mère sont décédés tous les deux, aura-t-il le domicile d'un de ses grands-parents ou de son tuteur ? Aucune disposition du décret ne le permet ; le texte ne parle exclusivement que des père et mère. Dans ces conditions, le mineur conserve le domicile qu'avait au moment de sa mort celui de ses parents décédé le dernier (3). La même solution doit être adoptée quand les parents ont disparu (4).

3° *Mariage.* — Le mariage est une association étroite, dont

---

(1) Décret du 1er août 1902, art. 1.

(2) Avis du Conseil de Préfecture d'Alger du 15 novembre 1908.

(3) Cf. Campagnole, *op. cit.*, p. 126 : Av. du C. E. 5 fév. 1902, circ. min., 28 mai 1902, inst. G. G. du 24 déc. 1905, Constantine.

(4) Avis du C. E. du 5 février 1902 et circ. minist. 28 mai 1902.

le mari est le chef et le représentant ; il est donc tout naturel que du jour de la célébration, la femme acquiert le domicile de secours de son mari. Lorsque cette association est devenue caduque et que la femme peut disposer d'elle-même, elle reprend en même temps la capacité d'acquérir un domicile de secours personnel, mais le délai d'acquisition ne commence à courir que du jour de la dissolution du mariage.

La loi de 1893 et le décret de 1902 ne prévoient que trois cas de dissolution : la mort de l'époux, le divorce, la séparation de corps. Ces trois cas ne donnent lieu à aucune difficulté : la rupture est légale et patente. Mais quid s'il y a rupture de fait ? Dans un cas de ce genre soumis au Conseil d'Etat, le commissaire du Gouvernement, M. Léon Blum, a fait remarquer que « l'unité du domicile de secours familial est une innovation de la loi de 1893 et que l'intention du législateur a été d'assigner un domicile de secours unique aux membres d'une même famille dès le commencement de la vie commune, mais seulement pour la durée de la vie commune. Quand cesse la communauté, chaque membre de la famille ne retombe dans le régime du domicile que dans les cas limitativement prévus par la loi. En un mot, il faut admettre que les lois tance ont entendu se rapprocher aussi exactement que possible des faits et conditions matérielles de la vie. » Conformément à ces conclusions le Conseil d'Etat a décidé qu'une femme mariée abandonnée en fait par son mari, pouvait avoir un domicile de secours personnel (arrêt du 13 mai 1910). Mais si c'est la femme qui a abandonné le foyer conjugal, la solution est-elle la même ? Il semble que oui puisque dans ce cas comme dans l'autre il y a cessation de vie commune. La pratique administrtive métropolitaine en a jugé autrement, estimant que la femme qui a quitté son mari est toujours soumise en droit, sinon en fait, à l'autorité du mari, que celui-ci peut la contraindre à réintégrer le domicile conjugal (1). L'ad-

(1) Voir aux annexes note du 20 mai 1903 au 8ᵉ Bureau des affaires algériennes du Ministère de l'intérieur.

ministration algérienne, au contraire, assimile dans toutes les circonstances la rupture de fait à la rupture de droit et reconnaît à chacun des époux séparés la capacité d'acquérir un domicile de secours. Car, dans la colonie, les situations de ce genre sont malheureusement beaucoup plus fréquentes qu'en France et l'on aboutirait à de véritables iniquités si l'on appliquait aux communes la lettre du décret de 1902.

Une question se pose ici : les époux se séparent, soit, mais que deviennent les enfants ? Rarement le père les prend avec lui, parfois il les partage avec la mère, le plus souvent celle-ci les garde à sa charge. Quel est le domicile de ces enfants ? Dans le premier cas, pas de difficulté, ils ont le domicile du père, conformément au décret ; dans le second et le troisième cas il faut s'inspirer des conclusions de M. Léon Blum, « se rapprocher des faits et des conditions matérielles de la vie » ; on dira logiquement que les enfants dont les parents ont rompu en fait le lien conjugal, partagent le domicile de celui qui les a sous sa garde et qui exerce à leur égard la puissance paternelle ; les enfants restés près de la mère suivront donc le sort de celle-ci pour le domicile de secours (1). C'est en ce sens que s'est prononcée la pratique administrative algérienne.

4° *Lieu de naissance.* — « Pour les cas non prévus dans le présent article, le domicile de secours est le lieu de naissance jusqu'à la majorité ou à l'émancipation ». « A titre d'exemple pour l'application du dernier paragraphe, on peut citer l'enfant naturel que ni le père ni la mère n'aurait reconnu et qui n'appartient pas au service des enfants assistés (article 9 de la loi, 6 du décret) : cet enfant a son domicile de secours dans la commune où il est né. Il conserve ce domicile jusqu'au jour où, étant majeur, il en a acquis un autre par une résidence habituelle d'un an » (2). En dehors de ce cas

(1) Avis du C. d'Etat du 5 mai 1902, circ. min. 28 mai 1902.
(2) Inst. min. du 18 mai 1894.

il n'y en a guère d'autres auxquels pourrait s'appliquer le
paragraphe.

ARTICLE 2

Le domicile de secours se perd : par l'absence, par l'acquisition d'un nouveau domicile.

1° *Absence.* — Sous l'empire du décret-loi de vendémiaire,
le domicile ne se prescrivait jamais ; c'est précisément, nous
l'avons vu, pour remédier aux inconvénients de ce principe
qui « perpétuait indéfiniment au regard de la commune les
conséquences financières d'un domicile de secours depuis longtemps abandonné », que le décret de 1902 a été élaboré. Maintenant, de même que la résidence détermine l'acquisition du
domicile, l'absence en entraîne la perte. L'absence doit durer
un an. « Il n'est donc plus indispensable qu'un nouveau domicile soit acquis pour que l'ancien soit perdu. Même si l'absence
n'a pas correspondu à une résidence acquisitive du domicile de
secours, l'ancien domicile se trouve exonéré. »

Tandis qu'il suffit, pour l'acquisition, que la résidence soit
habituelle, pour la perte, l'absence doit être *ininterrompue*. Des
absences réitérées à intervalles rapprochés, dont la durée totale
excéderait même une année, n'établiraient pas suffisamment la
séparation définitive de l'intéressé de la collectivité communale.

Comme la résidence, l'absence doit être volontaire et postérieure à la majorité ; ce qui a été dit à ce sujet pour celle-là
s'applique *à contrario* à celle-ci.

2° *Acquisition d'un autre domicile.* — « L'acquisition d'un
nouveau domicile de secours fait perdre au malade celui qu'il
possédait antérieurement, l'assistance ne lui étant due que par
une seule collectivité. »

ARTICLE 3

Cet article ne fait que confirmer les dispositions de l'article
12, 2°, du décret du 23 décembre 1874. Il est la reproduction
du deuxième alinéa de l'article 8 de la loi métropolitaine ; à.

l'Etat est substitué simplement l'Algérie. On remarquera que la suppression du premier aliéna de l'article 8, entraînant l'absence de domicile départemental, substitue également la Colonie au département.

ARTICLE 4

Nous avons vu que les étrangers devaient être admis à l'assistance médicale en Algérie dans les mêmes conditions que les Français et sujets français. L'article 4 consacre cette manière de voir et étend les règles posées précédemment pour les nationaux aux étrangers, sans qu'il soit nécessaire que leur nation d'origine ait signé une convention de réciprocité.

ARTICLE 5

« Cet article règle en une seule phrase deux cas distincts :
« 1° celui où l'enfant assisté est placé dans un département
« autre que celui au service duquel il appartient ; 2° celui où
« l'enfant assisté, arrivé à sa majorité, n'a pas encore acquis
« par lui-même un domicile de secours.

« Un enfant assisté, tant qu'il est inscrit sur les contrôles des
« pupilles de l'assistance, ne peut acquérir un domicile de
« secours : en cas de maladie, quel que soit son lieu de place-
« ment, il doit être soigné aux frais du service auquel il appar-
« tient. C'est ainsi que le département de la Seine procure les
« soins médicaux aux enfants assistés placés dès les premiers
« jours de leur naissance dans un autre département et ne
« l'ayant jamais quitté. Ce devoir d'assistance, indépendant du
« lieu où a été placé le pupille, est dit que « les enfants assis-
« tés sont les pupilles du département, ses enfants adoptifs,
« et que, par suite, ils ont leur domicile de secours dans le
« département au service duquel ils appartiennent même si en
« fait ils ont été placés dans un autre département. »
« Mais voici l'enfant arrivé à sa majorité, ou bien émancipé;
« le voici donc en situation d'acquérir un domicile de secours,
« et il acquerra en effet un domicile de secours communal par

« un séjour d'un an dans une commune. Mais dans l'inter-
« valle ? La loi n'a pas voulu que pendant cet intervalle il n'eût
« aucun domicile de secours. Elle a donc décidé que jusqu'à ce
« qu'il ait acquis un domicile de secours nouveau, le devoir
« d'assistance médicale à son égard incombera au département
« sur les contrôles duquel il était inscrit (1). »

(1) Inst. minist. 18 mai 1894.

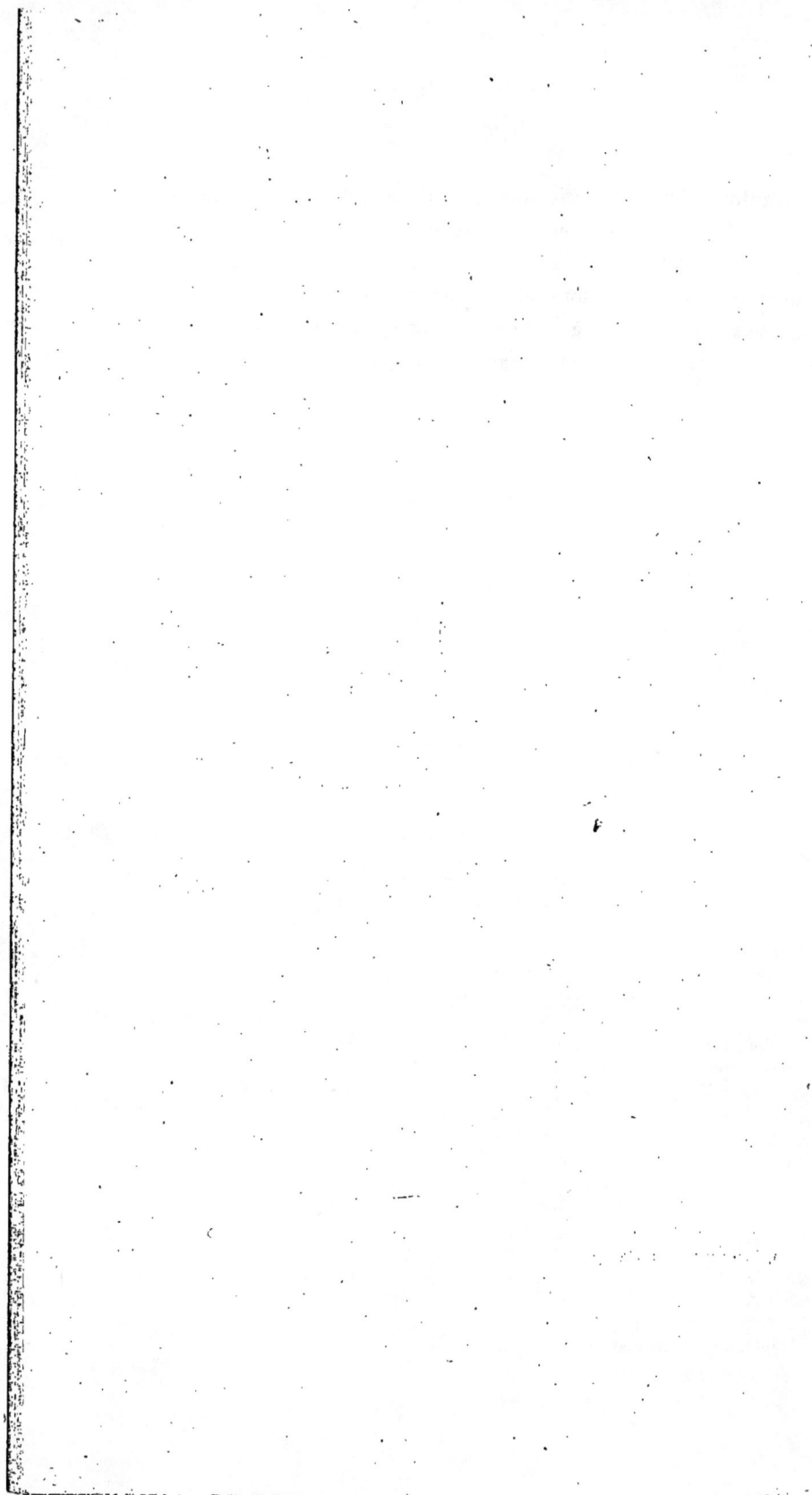

CHAPITRE II

Admissions

SECTION I

Malades payants

Nous avons vu, dans la première partie, qu'en principe, les hôpitaux ne devraient pas admettre de malades solvables, mais que la situation sociale toute particulière de l'Algérie, obligeait à ne pas tenir compte de cette règle théorique.

L'admission des malades payants n'intéresse que peu le droit administratif; il s'agit là d'une sorte de contrat conclu, à titre privé, entre les intéressés et l'établissement, dans la plénitude de leurs droits civils. L'autorité supérieure n'a pas à intervenir. Elle a cru devoir simplement édicter des mesures propres à sauvegarder l'intérêt des deniers hospitaliers. C'est ainsi que la circulaire gouvernementale exige que pour tout malade qui n'est pas à la charge de l'Assistance publique, il soit versé, entre les mains du receveur, le montant de quinze jours de traitement.

Cette règle ne s'étend pas, naturellement, aux hôpitaux indigènes, qui sont des établissements privés. Elle était difficilement applicable en ce qui concerne les hôpitaux militaires. Qu'on se rappelle, en effet, que le service de santé de l'armée ne consent en aucune façon à entrer dans le détail des payements : il traite tous les civils qu'il admet au compte de la Colonie, qui se fait rembourser comme elle l'entend. Dans ces conditions, on ne pouvait exiger des officiers gestionnaires qu'ils perçussent une provision quelconque; d'autre part, se contenter de faire payer les malades à leur sortie ne laissait pas d'être aléatoire. La circulaire du 29 juillet 1909 a substitué le système de la caution à celui du versement d'avance ; toute hospitalisation doit être faite sur réquisition d'un maire ou du commissaire de police; ceux-ci ne délivrent de billets d'entrée aux non-indigents que sur le vu de l'engagement souscrit par un tiers solvable de garantir solidairement le paiement des frais de traitement.

Cette pratique, très facilement acceptée, a donné d'excellents résultats et les cotes irrécouvrables sont devenues bien rares.

*
* *

SECTION II

Indigents (1)

Avant d'hospitaliser un individu à titre gratuit, il est indispensable, dans l'intérêt des finances publiques, d'établir :

1° Qu'il est malade;

2° Qu'il est indigent;

3° Par qui doivent être payés les frais de son traitement.

D'où une série de formalités qui ont pour objet de satisfaire à ces trois questions et qui doivent concilier les intérêts de la collectivité avec les exigences de l'état de santé des malades.

C'est aux médecins qu'il appartient, de toute évidence, de constater si oui ou non l'hospitalisation est nécessaire. Le malade qui sollicite son entrée dans un hôpital devra donc produire un certificat médical. Les diverses circulaires qui ont réglé la question n'ont jamais spécifié que ce certificat dût être délivré par un praticien ayant une situation officielle : médecin de colonisation ou médecin communal. Il y a donc lieu de considérer qu'il peut émaner de n'importe quel médecin.

_____

(1) Circulaires des 31 mai 1875, 12 août 1893, 4 mai 1908.

Son état maladif constaté, l'intéressé doit se faire admettre au bénéfice de l'assistance et pour cela c'est à l'autorité appelée à ordonnancer la dépense qu'il devra s'adresser logiquement; ou, en d'autres termes, au maire de la commune où il a son domicile de secours. Le maire vise le certificat médical et déclare prendre à la charge du budget municipal, les frais de traitement : « c'est l'hospitalisation normale (1) ».

Mais le malade peut n'avoir pas de domicile de secours; quelle sera, alors, l'autorité compétente ? La circulaire du 31 mai 1875 permettait aux sous-préfets, à l'administrateur, au maire du lieu où la maladie s'était déclarée de requérir l'hospitalisation en ce cas. Ces derniers agissaient, non plus, en représentants de la commune, mais en qualité d'officiers de police. Ce système n'était pas sans inconvénients : les maires et administrateurs, — leurs budgets n'étant pas intéressés, — défendaient mal l'entrée des établissements hospitaliers aux professionnels du vagabondage et parasites de la charité publique. La circulaire du 12 août 1893, chargea les commissaires de police des localités où se trouvent les hôpitaux (à Boghari et à Fort-National c'est l'administrateur), de requérir l'admission des non domiciliés.

Il peut se faire que l'on se trouve en présence de quelqu'un dont le domicile de secours est inconnu. Devra-t-on attendre, avant de l'hospitaliser, que son domicile soit exactement établi ? Ce pourrait être long et compromettre gravement son état. L'hospitalisation se fait alors comme s'il s'agissait d'un non-domicilié.

Ces formalités doivent-elles être toujours intégralement remplies ? Les hôpitaux doivent-ils toujours rester fermés aux malades qui ne sont pas porteurs d'un certificat médical visé par le maire ou le commissaire de police ? Il y a des circonstances exceptionnelles où l'urgence exige de passer outre : dans des cas de maladies d'une grande gravité ou d'accident, on conçoit bien que le premier devoir de l'établissement hos-

---

(1) Circulaire du 4 mai 1908.

pitalier c'est d'admettre et de soigner le malade. Mais la recherche du domicile de secours doit être entreprise sans tarder et, même, le maire de la commune du domicile de secours (ou présumée telle) doit être avisé télégraphiquement (circ. 4 mai 1908).

Ces hospitalisations anormales devraient être assez rares. Malheureusement, le Corps médical est trop souvent tenté d'utiliser cette procédure sommaire pour admettre les malades à l'hôpital; ce qui ne manque pas de soulever les protestations justifiées des municipalités.

CHAPITRE III

Séjour des malades. — Sortie

La durée du séjour des malades varie suivant les cas et se règle sur les nécessités du traitement. C'est au médecin qu'il appartient, évidemment, de fixer, en toute indépendance, le moment où ils peuvent sans danger quitter l'hôpital.

Il faut, cependant, concilier encore une fois l'intérêt des finances publiques avec celui des malades : s'il est indispensable que ces derniers ne soient privés d'aucun des soins que réclame leur état, il est, non moins nécessaire qu'ils n'occasionnent aux collectivités aucune dépense superflue. Il y a à observer un juste milieu très difficile à atteindre, car les docteurs sont trop portés à conserver dans leurs services, par charité, des gens qui pourraient être rendus à la vie normale. Les abus de ce genre ne datent pas d'aujourd'hui, et ils sont, pour l'administration, très difficiles à réprimer.

Un des devoirs les plus délicats qui incombent au directeur, c'est précisément d'obtenir des chefs de service le renvoi des malades guéris. Ils doivent apporter beaucoup de tact, de réserve et d'esprit de suite. Pour leur faciliter cette intrusion dans le domaine de l'homme de l'art, la circulaire gouvernementale du 6 septembre 1876 (1) a prescrit aux administrations hospitalières d'adresser tous les mois au préfet (2) l'état des malades en traitement depuis plus de soixante jours, avec, pour chacun d'eux, une note du médecin traitant indiquant, sommairement, entre autres, les raisons du maintien et la date probable de la sortie.

(1) Cf. Circulaire gouv. du 4 mai 1908. V. *aux annexes*.
(2) Aujourd'hui au Contrôle Central pour le département d'Alger.

Les deux causes normales de sortie sont la guérison ou la mort. Mais le malade peut être incurable ; il ne saurait être conservé à l'hôpital sans, d'une part, grever exagérement le budget de l'assistance et, d'autre part, occuper indûment une place qui pourrait être utilement occupée par un sujet suscep-tible de guérir. Il devrait donc être évacué ou placé dans un hospice. Malheureusement, la loi du 15 juillet 1905 n'est pas appliquée en Algérie, — bien qu'applicable. Il se produit par-fois qu'une municipalité se refuse à solliciter l'entrée à l'hos-pice d'un malade incurable ou de nationalité étrangère. L'in-curable devrait être alors évacué purement et simplement, mais presque toujours, — et peut-on les en blâmer ? — les médecins hésitent à jeter dans la rue un être sans forces et sans appui. Aussi bien des fois le séjour de certains se pro-longe pendant plusieurs années, au grand dommage des bud-gets communaux. Nous aurons à revenir, d'ailleurs, sur ce point tout à l'heure.

CHAPITRE IV

Les dépenses de l'Assistance hospitalière

Avec le développement de la colonisation, le progrès économique, la dissémination et le perfectionnement des établissements hospitaliers, les dépenses d'assistance n'ont cessé de suivre, en Algérie une formidable progression qui ne s'est pas trouvée en rapport avec l'augmentation des ressources budgétaires. Ce sont principalement les communes dont les recettes n'ont qu'une élasticité très relative, qui ont eu à souffrir de cet accroissement de charges obligatoires.

Cette situation ne laisse pas, depuis une quinzaine d'années de préoccuper les pouvoirs publics. Devant les perpétuelles doléances, — souvent exagérées, mais toujours fondées, — des municipalités, ont été prises des mesures propres à soulager les finances locales.

La première à signaler, dans cet ordre idées, et dont nous avons eu l'occasion de parler au début de cette troisième partie, c'est la réforme du domicile de secours, réalisée par le décret du 16 décembre 1902 ; en faisant bénéficier l'Algérie du régime de la loi de 1893, a été assurée une plus équitable répartition des charges hospitalières (1).

Un peu avant, conformément au principe que nous avons dégagé dans notre première partie, qu'il échet aux collectivités supérieures de porter secours aux autres, la colonie a décidé d'aider les communes obérées par des subventions. Depuis 1901, une somme est inscrite à cet effet au budget spécial. Le crédit, fixé la première année à 60.000 francs et, pour l'exer-

(1) V. Chapitre 1 de la 3ᵉ partie.

cice 1914, à 150.000 francs (1), est réparti entre les communes
dont les dépenses excèdent le cinquième de leur part d'octroi
de mer, proportionnellement au chiffre de ce dépassement.

Les œuvres d'assistance à domicile ont été encouragées et
subventionnées.

Enfin, pour diminuer les frais généraux des hôpitaux, et,
par cela même, le prix de journée, la Colonie a pris à son
compte, depuis 1909, le traitement du personnel administratif (2).

Ces réformes ont eu, évidemment, pour résultat d'alléger les
charges communales. Elles n'ont, cependant, pas suffi à calmer
les réclamations des municipalités. Ces dernières années encore,
aux congrès des maires de chacun des trois départements, au
sein des Délégations financières, le plus sombre tableau a été
fait de la situation financière des communes obérée par le poids
des dépenses d'assistance. A lire les procès-verbaux des réunions, les budgets locaux, déjà si anémiques, verraient toutes
leurs ressources disparaître dans le gouffre noir des caisses
hospitalières.

A la vérité, il faut bien se garder d'un pessimisme aussi
exagéré ; les communes n'ont pas, comme nous l'exposerons
tout à l'heure, des charges aussi considérables qu'on veut bien
le dire. Mais il serait téméraire et injuste d'affirmer que rien
n'est exact dans toutes leurs plaintes. Il y a, c'est bien certain,
quelque chose à faire en faveur.

Conscientes de cette nécessité, les délégations financières se
sont mises à l'étude et sont arrivées, en 1912, à adopter un
projet dont la réalisation devait avoir lieu au 1er janvier 1913
mais n'a pas encore été opérée.

Cette assemblée eut à se prononcer sur deux solutions très
différentes, qui lui furent présentées par la délégation des
non-colons.

La première solution, avait déjà été discutée sans succès au

---

(1) En 1901, 60.000 fr. ; en 1904, 100.000 fr. ; en 1907, 200.000 fr.
(2) Arrêté du 10 février 1909. Cf. Délégations financières 1908, procès-
verbaux des séances.

cours des sessions de 1901 et de 1905 ; elle consistait en la prise en charge par le budget spécial de toutes les dépenses d'hospitalisation, moyennant l'abandon, par les communes du cinquième de leur part d'octroi de mer (1). Nous n'avons pas besoin de souligner combien cette proposition était contraire aux principes que nous avons dégagés dans notre première partie. C'était en outre, le retour au régime de 1858 qui avait donné de si mauvais résultats. Elle fut, d'ailleurs, combattue très éloquemment par M. le Dr Benoît qui eut gain de cause malgré l'énergique intervention de M. Morinaud.

Celui-ci, et les partisans de l'assistance d'Etat, faisaient observer que la Colonie a su, par une sage administration, diminuer d'année en année, ses dépenses d'hospitalisation ; ils affirmaient qu'elle continuerait à le faire si elle assumait l'intégralité des charges. Elle est seule bien placée, disaient-ils, pour mettre un frein aux abus de toutes sortes, à la faveur desquels s'enflent les dépenses, puisque le personnel administratif et surtout le personnel médical est à la nomination du Gouverneur Général.

M. Benoît répondit très justement que les économies réalisées par le budget spécial, n'en étaient pas, en réalité. Elles proviennent de ce fait qu'autrefois les frais de traitement de malades domiciliés étaient mises indûment au compte de la Colonie. L'institution du contrôle central, veillant à la stricte application des règles du domicile de secours, a simplement dégrevé la Colonie de ces dépenses injustifiées et a assuré une régulière ventilation des charges.

Pour lui, l'accroissement des dépenses communales proviennent des hospitalisations trop faciles et des séjours trop prolongés. Supprimez ces abus et les communes n'auront à faire face qu'à des dépenses supportables.

Pour les admissions, l'abus vient de ce que les règles de la

---

(1) On proposa même, à la suite des Congrès des Maires d'Alger, d'Oran et de Constantine, de ne prendre le cinquième d'octroi de mer qu'aux communes dont les dépenses d'hospitalisation étaient supérieures à ce cinquième, les autres localités conservant le bénéfice de leur boni. (séance des non-colons du 20 mai 1912, comptes-rendus, p. 304).

9

circulaire de 1893 ne sont pas appliquées ; les maires requièrent l'admission des malades non domiciliés dans leurs communes sans aucune difficulté. Pour la durée de séjour, la circulaire du 4 mai 1908 ne donne aux communes qu'une garantie illusoire.

M. le Dr Benoît, reprenant un vœu qu'il avait émis et fait voter au congrès des maires d'Alger des 20, 21 et 22 mars 1910, proposa, pour mettre en jeu la responsabilité pécuniaire de l'autorité qui crée la dépense : 1° de mettre à la charge de la commune qui a délivré le billet d'entrée à l'hôpital, les frais afférents aux huit premiers jours d'hospitalisation; 2° de mettre à la charge du budget spécial les frais d'hospitalisation des malades au bout de quarante ou cinquante jours de séjour.

Etudiant les conséquences financières, au point de vue communal, il recherche dans une série de tableaux quelles auraient été les charges de chacune des communes si la réforme avait été appliquée en 1908 et en 1909. Il aboutit à cette constatation que, sur les 345 municipalités algériennes :

245 auraient eu leurs dépenses diminuées ;

25 n'auraient rien gagné ni perdu ;

43 auraient eu à subir un accroissement de dépense de moins de 100 francs.

32 auraient eu à subir un accroissement de dépense de plus de 100 francs.

Mais M. le Dr Benoît fait observer que les bénéfices auraient été supérieurs, en réalité, puisque les admissions eussent été réduites.

Quant à la Colonie, en supposant qu'elle eût prit à sa charge les frais de traitement au-delà du 40e jour, l'accroissement de dépense eût été pour elle de 160.000 fr. environ en 1908 et 180.000 en 1909, chiffres qui auraient pu, du reste être réduits par une plus grande surveillance des séjours.

M. Morinaud, sans abandonner le principe de la proposition, se rallia aux conclusions de son collègue et les délégations décidèrent :

1° que les cinq premiers jours de traitement des malades seraient à la charge de la commune qui hospitalise ;

2° que les frais de traitement des malades au-delà du 40° jours seraient à la charge de la Colonie.

On peut s'étonner du peu de part prise dans la discussion par le commissaire du Gouvernement. Il y avait, cependant, beaucoup de choses à dire sur les conséquences d'une réforme un peu hâtivement décidée. Le but poursuivi sera-t-il atteint ? N'y a-t-il aucune conséquence fâcheuse à redouter ?

A notre avis, il y a lieu de répondre négativement.

En effet, ce n'est pas à l'autorité administrative qu'il appartient d'apprécier si l'hospitalisation est nécessaire ou non : c'est au médecin qui délivre le certificat médical, c'est au chef de service qui confirme l'entrée que revient ce soin. Et puis, il y a un mode d'admission qu'on ne pourra supprimer, l'admission d'urgence. Qui paiera les cinq premiers jours de traitement ? La commune du domicile de secours ? elle s'y refusera énergiquement ; la commune du lieu où se trouve l'hôpital ? mais de quel droit l'administration hospitalière engagera-t-elle, sans mandat, une dépense communale ? l'hôpital, comme dans la Métropole ? nous savons que la situation financière de nos établissements ne le permet pas.

D'un autre côté, pratiquement, cette pénalité des cinq premiers jours aura des effets déplorables signalés, d'ailleurs, aux Délégations par M. de Redon notamment. Les municipalités des localités dépourvues d'hôpital, refuseront la plupart du temps l'hospitalisation et enverraient leurs malades se faire hospitaliser ailleurs. M. le Dr Benoît a répondu assez vaguement à cette objection. Il a déclaré les maires incapables de pareilles actions, et, affirmé, au surplus, que si des abus pouvaient se produire, les villes dotées d'un hôpital en retiraient des bénéfices suffisants pour assumer de nouvelles charges. Or, lorsqu'on a suivi de près ces questions d'assistance hospitalière, on ne peut partager la confiante illusion de M. le Dr Benoît ; on ne saurait en effet décrire l'âpreté avec laquelle la plupart des communes essaient d'esquiver les frais qui leur incombent ; je pourrais, pour ma part, citer de nombreux cas, où des maires ont payé le voyage d'Alger à des malades, en leur faisant la leçon pour qu'ils égarent, par de fausses déclarations, les recherches du domicile de secours. La mise à la charge de la commune prononçant l'hospitalisation des cinq premiers jours de traitement ne manquera pas de multiplier ces manœuvres. Actuellement, avec un peu d'habileté, il est facile à l'Administration de déjouer toutes tentatives et la commune du domicile de secours finit presque toujours par être démasquée. Mais avec le futur régime, aucune pénalité ne pourra être appliquée aux municipalités fraudeuses et même il serait bien difficile d'établir leur mauvaise foi. Quant à dire que les villes qui ont des établissements hospitaliers y gagnent assez pour pouvoir être, en quelque sorte, *escroquées* par les autres, il est inutile d'insister sur la valeur morale de cet argument.

La limitation à quarante jours de traitement de la responsabilité municipale ne nous paraît pas être une réforme plus heureuse. D'abord, bien que son auteur se soit déclaré partisan convaincu du système faisant de la commune le « pivot de l'assistance », elle nous paraît fausser singulièrement ce principe du Conseil supérieur de l'assistance publique. Aura-t-elle au moins une utilité ? De deux choses l'une, ou bien l'Administration supérieure a le pouvoir de faire cesser ou d'atténuer les **abus de séjour, mais** alors il n'est pas nécessaire de faire intervenir le **budget spécial** ; ou bien, elle est désarmée devant les **médecins,** et la responsabilité communale est déchargée bien inutilement d'une dépense qui lui incombe normalement. Au surplus, cette disposition sera une cause de prolongation de séjour. En effet, nous avons vu que les malades devenus incurables devaient être évacués sur un hospice et que bien souvent les communes hésitent à le faire ; actuellement, elles y ont un intérêt pécuniaire : tant qu'elles ne s'y décident pas, les incurables, — qu'un sentiment d'humanité légitime fait maintenir à l'hôpital, — sont exclusivement à leur charge au prix de la journée d'hospitalisation (2 fr. 60 environ) ; une fois à l'hospice, le prix de journée est moins élevé (1 fr. 60 environ), les communes ne supportent que le tiers de la dépense les deux autres tiers étant partagés entre le département et la Colonie. Actuellement, donc les communes ont un bénéfice considérable (2,60 — 1,60) à réclamer la mise à l'hospice. Il n'en sera plus de même avec le nouveau régime, puisqu'elles seront exonérées de tout frais à compter du quarantième jour de traitement à l'hôpital. L'admission à l'hospice serait pour elles une dépense ; elles ne la réclameraient jamais ; et la loi de 1905 n'étant pas applicable, cette admission ne pourrait pas leur être imposée.

Dans ces conditions, il apparaît bien que la réforme votée en 1912 par les assemblées algériennes et que l'administration a consenti à réaliser est loin d'être avantageuse. Il est à souhaiter que le ministère de l'Intérieur refuse d'approuver une mesure dangereuse et qui rompt avec une tradition bien établie. Si les abus d'admission et de séjour, signalés par M. le Dr Benoît existent — et nous sommes d'accord avec lui sur ce point, — c'est par un contrôle sérieux qu'il pourra y être porté remède. Un service est d'ailleurs tout désigné pour cela : le Contrôle Central. Il a fait sentir son action efficace à ce point de vue ; il suffirait de lui donner les pouvoirs nécessaires et de fortifier son autorité morale.

S'il y a lieu d'autre part de venir en aide financièrement aux budgets locaux, ce n'est pas en limitant forfaitairement leur charge ; nous venons de voir ce qu'il y a de dangereux à ne pas laisser leur responsabilité engagée pendant toute la durée des hospitalisations. On pourrait très bien, par analogie à ce qui se fait pour les vieillards et incurables, décider que le budget spécial supporterait, dans une proportion à établir, une partie des frais de traitement des malades domiciliés.

Il faut d'ailleurs se garder des exagérations comme M. Morinaud. Voyez, dit-il, en 1909, par exemple, le budget spécial n'a supporté que 466.000 fr. de frais de traitement tandis que les communes en ont supporté 866.950 ; la disproportion est flagrante ! Mais M. Morinaud oublie qu'aux 466.000 francs il faut ajouter : 150.000 fr. de subvention allouée aux communes

(qu'il faut en outre déduire des 866.950 fr.) ; ; 2° 262.000 fr.
pour le personnel administratif ; 3° 657.000 fr. pour les subventions diverses. Et alors ce n'est plus 466.000 et 866.950 fr.
qu'il faut comparer mais bien 1.535.000 francs pour l'Etat et
716.950 pour les communes ; ce qui est tout à l'honneur du
budget spécial.

CONCLUSION

L'organisation de l'assistance médicale hospitalière en Algérie doit être considérée comme très développée, si l'on veut bien faire état du temps dont on a disposé et des difficultés de toutes sortes qu'on a dû surmonter. En cette matière, comme en ce qui concerne la Colonisation, la politique indigène, l'organisation administrative, il est facile de formuler des critiques, car il était humainement impossible de réaliser tout d'une pièce une œuvre parfaite ; mais il convient de tenir compte des contingences et l'on doit rendre un juste hommage aux hommes qui ont su faire ce qui est.

C'est dans cet esprit que nous allons conclure.

En 1851, pour une population de 2 millions 1/2 d'habitants environ, une dizaine d'hôpitaux ont soigné 24.814 malades représentant 441.000 journées de traitement.

A l'heure actuelle, pour une population de 5.492.569 habitants, il existe trente hôpitaux, quatre-vingt-deux infirmeries indigènes. Ils ont soigné en 1911 61.675 malades représentant 1.570.117 journées d'hospitalisation.

Ces établissements, disséminés à travers le territoire à peu près proportionnellement à la densité de la population, — européenne tout au moins, — ont été très judicieusement placés.

On ne peut que se louer de l'usage des hôpitaux militaires qui assurent, dans les régions de colonisation, les plus déshérités un ensemble de soin, d'hygiène, de propreté qu'on ne pourrait, — et encore, — obtenir qu'au prix de sacrifices pécuniaires considérables. Malheureusement, ils sont appelés à disparaître ; l'autorité militaire, logique avec elle-même, n'entretient pas avec grand enthousiasme des établissements assez coûteux qui ne lui servent guère ; le temps n'est pas loin où l'autorité civile se verra contrainte à reprendre peu à peu,

malgré ses observations et ses retards, les établissements nili-
taires.

Cette transformation ne manquera pas d'être délicate et aura
pour effet d'imposer à l'Algérie de sérieuses dépenses pour
assurer le fonctionnement des nouveaux hôpitaux civils.

Car l'organisation des hôpitaux telle qu'elle existe en vertu
du décret de 1874, a le grave défaut de ressemler trop à celle
des hôpitaux de la Métropole. Là, la densité de la population,
la fortune personnelle des établissements permettent de donner
à ceux-ci une importance qui justifie les frais généraux d'administration important. Mais en Algérie où la population est
très disséminée, il est nécessaire, dans l'intérêt des malades,
de mettre à leur portée les hôpitaux nécessaires mais d'une
importance réduite. Or l'organisation actuelle impose trop de
frais : il faut un directeur, un économe, qui n'ayant rien à
faire ne passent leur temps qu'à se disputer le peu d'attribution qu'il y a à exercer. Cela fait souvent deux agents là où
il en faudrait un.

Il serait à souhaiter que l'on fusionne en une seule personne
morale les petits établissements pour former des circonscriptions hospitalières comprenant plusieurs hôpitaux administrés
et gérés ensemle. Cela permettrait d'augmenter le traitement
des directeurs et, par suite, d'en améliorer le recrutement.

Quant au fonctionnement de l'assistance hospitalière, on est
arrivé d'un seul coup, par la force des choses à un état avancé :
l'assistance obligatoire. C'est un résultat magnifique auquel
la Métropole n'est pas parvenu. Des difficultés inhérentes à la
situation de pays neuf se sont produites. Il ne pouvait en être
autrement. Nous avons vu qu'on a assayé d'y remédier, en
faussant malheureusement l'organisation générale même ; la
réforme votée par les délégations n'a pas été encore sanctionnée par le chef de l'Etat ; nous avons souhaité qu'elle ne le
soit pas. Il serait facile, en ce cas, d'apporter aux communes
l'aide financière dont elles ont besoin tout en laissant peser sur
elles la responsabilité qui leur incombe.

ANNEXE I

ASSISTANCE PUBLIQUE

Le Gouverneur Général de l'Algérie
à Monsieur le Préfet du Département d

Les charges d'assistance hospitalière incombant à l'Etat et aux Communes se sont accrues d'une façon sensible au cours de ces dernières années. Les communes ont élevé de vives récriminations, et plusieurs fois ont été formulées des propositions tendant à mettre définitivement à la charge de la Colonie la totalité des frais d'hospitalisation des indigents domiciliés ou non. Il est bien évident qu'un pareil changement dans l'imputation de la dépense ne ferait que déplacer la question : c'est alors la généralité des contribuables qui souffrirait de l'aggravation de charge dont on se plaint, et il n'en faudrait pas moins rechercher les responsabilités, fixer les causes du mal et tenter d'y remédier.

Les constatations recueillies ces derniers temps par le contrôle des services d'assistance ont déjà apporté des éclaircissements sur certains points ; le rapprochement et la comparaison des méthodes suivies dans les trois départements nous ont d'autre part fourni des indications très utiles. Aussi bien, je suis amené aujourd'hui à décider l'application immédiate d'un certain nombre de mesures de détail qui font l'objet de la présente circulaire.

D'une manière générale, on est fondé à soutenir que l'aggravation des charges hospitalières a pour causes déterminantes :

1° L'élévation du prix de remboursement de la journée de maladie provenant d'une mauvaise gestion de l'hôpital.

2° L'exagération du nombre des journées d'hospitalisation : abus d'admission à l'hôpital, d'une part, abus de séjour, d'autre part.

I. — Gestion des hopitaux

Personnel et frais généraux. — L'élévation du prix de la journée d'entretien dans un hôpital est généralement la conséquence d'une mauvaise gestion, soit que les frais de personnel et les frais généraux aient été grossis d'une façon disproportionnée, soit que le désordre et le gaspillage se soient introduits dans les services. J'espère qu'avec les fortes garanties qui entourent aujourd'hui le recrutement du personnel administratif des hôpitaux, nous obtiendrons de meilleures gestions de ces établissements. Il devra d'ailleurs être tenu grand compte, dans l'appréciation des services des fonctionnaires de l'administration hospitalière, des intelligentes économies qu'ils réaliseront et des réductions qui s'en suivront dans le prix de revient de la journée d'hospitalisation.

Je ne reviendrai pas sur les mesures prises pour éviter les abus constatés dans la gestion des crédits de personnel ; tout Directeur qui, directement ou d'une manière détournée, recruterait des agents en dehors des cadres et des conditions qui ont été fixés, engagerait gravement sa responsabilité, et je n'hésiterai pas à le frapper sévèrement.

Je réglementerai en outre très prochainement les allocations en nature ou en argent auxquelles peuvent prétendre les fonctionnaires des différents ordres dans les hôpitaux : il s'agit, d'une part, de mettre fin à des inégalités de traitement choquantes en régularisant et en généralisant les usages suivis dans certains départements, d'autre part, de faire cesser définitivement certaines pratiques dont le moindre inconvénient est d'exposer le personnel aux soupçons des pensionnaires hospitalisés toujours enclins à penser que c'est à leur détriment que le Directeur ou l'Econome s'attribuent des avantages ou des commodités particulières dans l'établissement.

Rapports du personnel administratif et du corps médical. — La prodigalité et le gaspillage constatés dans les grands services de certains établissements ont été considérablement réduits le jour où le Directeur, l'Econome ou le Pharmacien ont pris à cœur de surveiller eux-mêmes la marche des fournitures, d'instruire personnellement le médecin chef de service des abus qui se commettaient à son insu et sous son couvert ; j'ai été heureux de constater que partout, le corps médical a secondé les louables efforts de l'Administration. C'est dire que je ne saurais admettre les réserves de certaines personnes toujours tentées de se retrancher derrière quelque formule d'autorité ou de séparation des pouvoirs, toujours prêtes à évoquer les responsabilités d'autrui pour dissimuler leur manque d'initiative propre L'intérêt des malades, celui de la science, la sauvegarde des finances publiques doivent s'imposer à tous avec une force égale et le but qu'on doit poursuivre consiste à concilier les divers intérêts qui peuvent parfois se contrarier en apparence mais qui doivent toujours s'incliner devant l'intérêt général.

En matière hospitalière, il n'est pas douteux que les fonctionnaires administratifs peuvent dans mille détails de la vie journalière faciliter la tâche du médecin ; c'est donc d'une collaboration confiante et de tous les instants que les uns et les autres doivent attendre une amélioration des conditions de fonctionnement des services.

II. — Abus de l'hospitalisation

Si j'ai grande confiance dans les résultats de la nouvelle organisation du personnel de nos hôpitaux, je considère comme plus complexe la tâche de réagir contre les abus signalés dans les admissions et dans le séjour des malades à l'hôpital.

C'est que l'on se trouve ici en présence d'un problème délicat : celui qui met en cause, d'une part, la responsabilité des représentants des collectivités appelés à supporter la charge de l'assistance.

Admission des malades dans les hôpitaux. — Les admissions des malades dans les hôpitaux ont lieu de deux façons. Le malade est accompagné d'un billet délivré par le médecin de sa commune et visé par le Maire qui reconnait le domicile de secours et, par conséquent, prend les frais d'hospitalisation à la charge de la commune. C'est l'hospitalisation normale, le Maire a agi dans la plénitude de ses attributions, le malade est admis sans difficultés à l'hôpital, — l'Administration n'aura à intervenir que pour éviter qu'il n'y séjourne au-delà du temps indispensable pour sa guérison.

La deuxième hypothèse est celle de l'indigent qui se présente à l'hôpital avec un certificat de médecin visé par un Maire ou un commissaire de police qui ne sont pas ceux de son domicile de secours. Dans la circonstance, ce n'est pas l'autorité municipale responsable des frais d'hospitalisation qui est intervenue, et des difficultés pourront se produire lorsqu'il s'agira d'assurer le remboursement de ces frais. Mais l'on ne se trouve pas moins en présence d'un certificat d'un médecin qui déclare l'hospitalisation nécessaire et même urgente. Le directeur d'hôpital est obligé de s'incliner devant l'opinion du praticien : agir autrement serait assumer de sa part une grave responsabilité puisqu'il s'exposerait à laisser à la porte de l'hôpital un malade en danger. Or, des déclarations recueillies de la bouche des médecins les plus sérieux et les plus estimés, il résulte que l'on ne sait pas refuser les certificats d'admission, qu'autant l'on est réservé lorsqu'il s'agit de malades à la charge de sa propre commune, autant l'on est facile et large aussi bien à la Mairie que chez le médecin pour les malades qui relèvent d'une autre localité. Et maires et médecins reconnaissent le préjudice grave qu'occasionne aux collectivités communales la pratique devenue courante de ces admissions anormales, indiquant d'eux-mêmes qu'ils ne verraient qu'avantage à ce qu'on leur retirât expressément et totalement le pouvoir de délivrer des billets d'hôpital pour d'autres que pour leurs propres administrés.

Désireux de mettre un terme aux abus actuels, mon Administration est décidée à s'arrêter à cette solution.

Je vous prie d'inviter les directeurs et économes d'hôpitaux à ne considérer désormais comme valables que les billets d'admission concernant des malades dont les municipalités reconnaissent le domicile de secours, et, par suite, s'engagent à payer les frais d'hospitalisation.

Admission d'urgence des blessés et malades graves. — Ces dispositions ne peuvent, bien entendu, avoir pour effet d'interdire l'entrée de nos hôpitaux ni aux blessés graves ni aux malades dangereusement atteints et qui ne seraient pas porteurs de pièces régulières : les directeurs d'hôpitaux sauront apprécier les cas exceptionnels dans lesquels l'admission ne peut subir aucun ajournement ; ils auront toujours la ressource d'exiger du médecin préposé à la visite des entrants l'affirmation écrite que l'admission à l'hôpital ne peut être différée des 24 ou 48 heures nécessaires au malade ou à sa famille pour se procurer les autorisations nécessaires auprès de la mairie dont il relève. Dans tous les cas, l'administration hospitalière devra elle-même aviser télégraphiquement de ces admissions exceptionnelles le maire du domicile de secours présumé en lui donnant la dernière adresse du malade ; le bulletin de renseignements détaillé suivra dans les deux jours. Si, dans les dix jours, l'autorité municipale n'a pas contesté avec renseignements à l'appui le domicile de secours, une proposition de classement au compte de la commune vous sera soumise. Les communes reconnaîtront que c'est dans leur propre intérêt qu'il convient de suivre cette procédure rapide : il est, en effet, indispensable de vérifier et de contrôler pendant que le malade est encore à l'hôpital ses déclarations ou celles de ses proches ; un nouvel interrogatoire effectué dès la réception de la réponse du maire permettra souvent de compléter les premiers renseignements et de fixer définitivement le lieu du domicile de secours.

Malades ordinaires non pourvus d'autorisation de leur commune. — Il vient d'être question des malades graves dont l'admission ne peut être différée. Restent les malades ordinaires qui peuvent à première vue être divisés en deux catégories : ceux qui sont domiciliés dans une commune d'Algérie et ceux qui n'ont pas encore acquis ou qui ont perdu le domicile de secours communal dans la Colonie.

Les premiers doivent, comme il a été dit plus haut, être invités à se pourvoir de l'autorisation du maire de leur commune qui reconnaîtra par là même le domicile de secours du malade. S'ils l'obtiennent, aucun difficulté pour les admettre à l'hôpital. Si, après 48 heures, cette autorisation leur est refusée ou si la commune est trop éloignée pour qu'une réponse parvienne en temps voulu, le directeur de l'hôpital fera visiter le malade par un médecin délégué à cet effet. Ce médecin appréciera si l'état du malade exige impérieusement les soins de l'hôpital. Dans l'affirmative, le directeur admettra le malade à titre provisoire (s'il s'agit d'un grand hôpital), ou bien il consultera le médecin sur l'opportunité de diriger le malade sur un hôpital-hospice de l'intérieur où l'hospitalisation est moins onéreuse pour les communes.

Dans l'un comme dans l'autre cas, avis sera donné télégraphiquement au maire de la décision prise, et la procédure prescrite pour les admissions d'urgence sera suivie par l'hôpital d'évacuation.

J'ai indiqué que l'état du malade devrait exiger *impérieusement* l'hospitalisation ; il est, en effet, un cas où l'entrée de l'hôpital doit être impitoyablement refusée au malade, c'est lorsqu'il peut utilement être soigné à domicile et que sa commune a organisé un service local d'assistance médicale. Un grand nombre de communes en dehors des chefs-lieux d'arrondissement ont fait de grands sacrifices pour assurer à leurs malades des soins à domicile, et l'on ne doit pas contrarier les généreuses tendances de ces collectivités en favorisant l'admission de simples paresseux dans nos hôpitaux. J'estime même qu'il ne faudrait pas hésiter à laisser à la charge de l'hôpital les frais résultant de ces admissions abusives ; les fonctionnaires coupables d'erreurs ou de négligences de cette nature devront toujours m'être signalés.

Malades sans domicile de secours. — C'est le budget de la Colonie qui supporte la lourde charge des frais d'hospitalisation des malades sans domicile de secours. Il a été souvent dit que parmi les indigents de cette catégorie, nos hôpitaux entretenaient une armée de malades professionnels, paresseux, vagabonds et gens sans aveu.

Il est regrettable que nos ressources, insuffisantes pour soulager nos malheureux, nos infirmes et nos incurables se trouvent dissipées au profit de ces valides qui exploitent la charité publique.

Il convient de mettre encore une fois nos médecins des hôpitaux en garde contre ces professionnels de l'hospitalisation. Je vous prie, d'autre part, de donner aux commissaires de police chargés de la délivrance des billets d'admission aux malades sans domicile de secours, des instructions pour qu'ils n'accordent l'hospitalisation que dans le cas d'extrême nécessité et après s'être assurés qu'ils ne se trouvent pas en présence d'un professionnel.

Pièces d'identité à exiger des malades. Immatriculation des étrangers. — Les commissaires sont mieux à même que personne de fixer l'identité de ces individus ; ils devront indiquer à l'avenir sur les bulletins d'admission les pièces et documents qu'ils auront fait produire. S'il s'agit d'étrangers, ils exigeront la feuille d'immatriculation et mentionneront au verso la date de l'admission à l'hôpital, la date de sortie devant y être indiquée par le directeur. Si l'étranger ne possède pas sa feuille d'immatriculation, il sera poursuivi, soit immédiatement, soit lors de sa sortie de l'hôpital.

Dans le cas où un commissaire ou un directeur d'hôpital se trouverait en présence d'un malade professionnel, il le ferait diriger, après avis du médecin, sur le dépôt de mendicité ou, s'il n'en existe pas dans le département, sur l'hospice le plus proche. Dans ce dernier cas, le malade sera admis au régime des vieillards, et il ne sera conservé que le temps strictement nécessaire à son rétablissement.

Pour assurer une surveillance effective des admissions dans les hôpitaux des grandes villes, il sera bon de centraliser le service dans les mains d'un seul commissaire auquel il pourra être tenu compte des résultats obtenus.

Je vous serai obligé de me faire connaître ceux que vous aurez cru devoir désigner pour les grandes villes de votre département.

Il est bien entendu que les dispositions qui viennent d'être prévues pour l'admission des malades sans domicile de secours sont applicables à ceux dont le domicile de secours est incertain, et, à ce point de vue, les directeurs d'hôpitaux auront souvent intérêt à renvoyer devant le commissaire de police les individus dont les déclarations seraient incomplètes, suspectes ou irrégulières. Les commissaires, en effet, auront toujours la faculté de demander télégraphiquement des renseignements aux maires ou à leurs collègues pour contrôler les déclarations qui leur seront faites.

ABUS DE SÉJOUR DANS LES HOPITAUX

Les municipalités ne cessent de se plaindre des séjours trop prolongés que font souvent à leur insu certains de leurs malades dans les hôpitaux. Je vous prie de vouloir bien insister auprès des médecins et chirurgiens chefs de service pour qu'ils veillent personnellement à ce que ces abus ne se produisent pas. Les directeurs devront eux-mêmes se renseigner fréquemment auprès du médecin traitant sur l'état des malades en traitement depuis plus d'un mois et, si rien ne s'y oppose, faire part de ces renseignements aux maires. On évitera ainsi de grever injustement le budget de modestes communes des frais entraînés par l'hospitalisation d'individus qui s'habituent à l'oisiveté de la vie d'hôpital alors qu'ils pourraient reprendre la vie normale avec des soins et de légers secours à domicile.

Je vous ai indiqué récemment mon intention de créer dans chacun de nos hospices une section spéciale pour les malades chroniques et convalescents à un prix de journée légèrement supérieur à celui des vieillards. On devra faire passer dans ces sections spéciales aussitôt que le médecin traitant le jugera possible les malades indigents à la charge de l'Etat ainsi que les malades relevant des communes si les maires en ont exprimé le désir.

Ces mesures dégrèveront les budgets de la Colonie et des communes, tout en assurant aux malades le repos et les soins d'un médecin jusqu'à leur complète guérison.

Je vous prie de vouloir bien porter le plus tôt possible ces instructions à la connaissance des intéressés et de veiller à ce qu'elles soient ponctuellement suivies.

Je vous serai obligé de m'accuser réception de la présente circulaire.

Pour le Gouverneur Général :

Le Secrétaire Général du Gouvernement,
Maurice VARNIER.

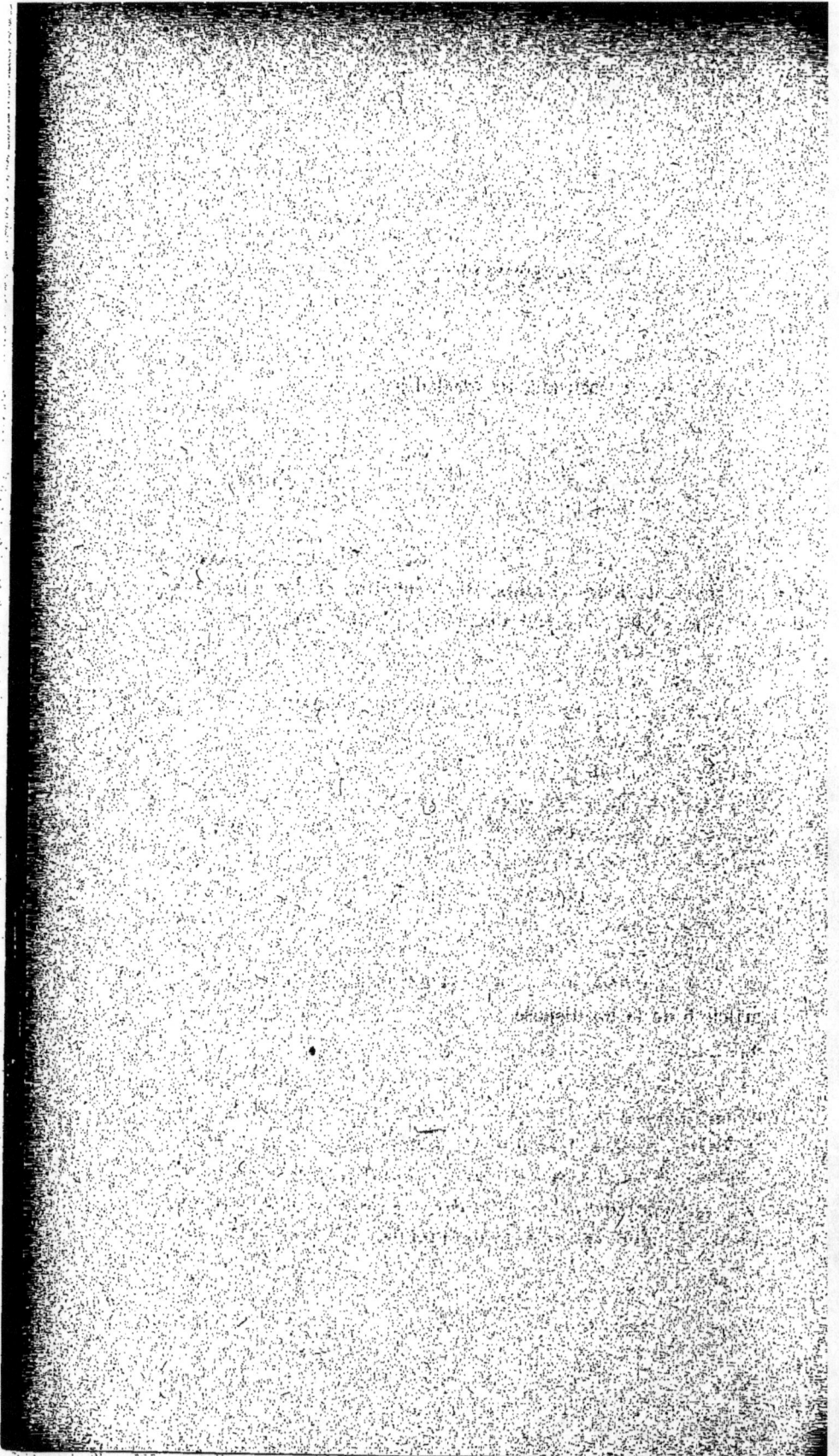

ANNEXE II

DOMICILE DE SECOURS

Monsieur le Préfet,

La détermination du domicile de secours de l'épouse délaissée par son mari, de leurs enfants, des orphelins et des enfants dont le père et la mère ont disparu, a donné lieu, dans la pratique, à des difficultés, d'où sont nés de sérieux embarras pour la marche des divers services d'assistance.

Le titre II de la loi du 15 juillet 1893, qui règle la matière du domicile de secours, ne permet pas d'apporter des solutions certaines à ces difficultés qui se présentent dans les différents cas d'application de l'assistance obligatoire, qu'il s'agisse de malades privés de ressources, d'aliénés ou d'enfants assistés. En effet, suivant la judisprudence, inaugurée par le Conseil d'Etat statuant au contentieux dans l'arrêt du 12 février 1897 (commune de Port-Louis, Morbihan), les principes édictés par la loi de 1893 pour le domicile de secours, ont une portée générale et s'étendent à toutes les catégories d'assistés.

L'article 6 de la loi dispose :

« Le domicile de secours s'acquiert :

« 1° Par une résidence habituelle d'un an dans une commune postérieurement à la majorité ou à l'émancipation ;

« 2° Par la filiation. L'enfant a le domicile de secours de son père. Si la mère a survécu au père ou si l'enfant est un enfant naturel, reconnu par sa mère seulement, il a le domicile de secours de sa mère. En cas de séparation de corps ou de divorce des époux, l'enfant légitime partage le domicile de l'époux à qui a été confié le soin de son éducation.

« 3° Par le mariage, la femme, du jour de son mariage, acquiert le domicile de secours de son mari. Les veuves, les femmes divorcées ou séparées de corps conservent le domicile de secours antérieur à la dissolution du mariage ou au jugement de séparation.

« Pour les cas non prévus dans le présent article, le domicile de secours est le lieu de la naissance, jusqu'à la majorité ou à l'émancipation. »

L'article 7 ajoute :

« Le domicile de secours se perd :

« 1° Par une absence ininterrompue d'une année, postérieurement à la majorité ou à l'émancipation ;

« 2° Par l'acquisition d'un autre domicile de secours.

Si l'absence est occasionnée par des circonstances excluant toute liberté de choix de séjour ou par un traitement dans un établissement hospitalier, situé en dehors du lieu habituel de résidence du malade, le délai d'un an ne commence à courir que du jour où ces circonstances n'existent plus.

Enfin aux termes de l'article 8 à défaut de domicile de secours communal, l'assistance médicale incombe au département dant lequel le malade, privé de ressources, aura acquis son domicile de secours. Quand le malade n'a ni domicile de secours communal, ni domicile de secours départemental, l'assistance médicale incombe à l'Etat.

D'après ces dispositions, que domine le désir d'assurer aux membres d'une même famille un même domicile de secours (exposé des motifs du projet de loi du Gouvernement sous l'article 7 de ce projet; circulaire ministérielle du 18 mai 1894), l'enfant a le domicile de secours du père ou à défaut de la mère ; la femme mariée a le domicile de secours du mari.

La loi de 1895 prévoit le cas où cesse l'union du mariage. Alors la veuve, la femme divorcée ou séparée de corps, conserve le domicile de secours antérieur. De même si la mère a survécu au père, l'enfant a le domicile de secours de la mère.; en cas de séparation de corps ou de divorce des époux, l'enfant légitime possède le domicile de secours de l'époux à qui a été confié le soin de son éducation. Mais le législateur a envisagé seulement la rupture en droit ; à côté, et trop fréquemment, il y a rupture de fait. Par exemple, le mari abandonne sa femme et ses enfants et disparaît. Que décider au sujet du domicile de secours de cette femme et des enfants ?

En d'autres termes, comment convient-il de fixer d'une façon générale, le domicile de secours des personnes (femmes mariées et enfants) dont le sort, quant à ce domicile, est lié à celui d'un autre individu, lequel a disparu ?

Saisie par son administration de l'examen de la question, la section de l'Intérieur du Conseil d'État, par un avis du 5 février 1902, dont vous trouverez ci-joint le texte, a admis les solutions suivantes :

En ce qui concerne la femme mariée, abandonnée par son mari.

L'abandon par son mari ayant mis un terme à la vie commune, le sort du domicile de secours de la femme n'est plus lié au sort du domicile de secours du mari ; elle conserve donc celui qu'elle avait antérieurement tant qu'elle ne l'a pas perdu par application des dispositions de l'article 7.

En ce qui concerne l'enfant abandonné par son père et demeuré à la charge de la mère, à qui incombe le soin de son éducation.

Ainsi la rupture de fait du lien conjugal est assimilée sur ce point, à la rupture en droit.

Il convient, dès lors, d'appliquer à la femme abandonnée les mêmes règles qu'à la veuve, pour la détermination de son propre domicile de secours et du domicile de secours de ses enfants. Par conséquent, ce double domicile sera celui du mari, au moment de la disparition de ce dernier, jusqu'à ce que la femme abandonnée ait perdu ce domicile de secours, soit par l'acquisition d'un nouveau domicile de secours résultant d'une résidence habituelle d'un an dans une commune ou un département.

Pour les enfants, l'interprétation de l'article 6 soulevait d'autres difficultés provenant de la disparition simultanée du père et de la mère, de la disparition de la mère, veuve, divorcée ou séparée de corps et, s'il s'agit d'enfants naturels reconnus par la mère seulement, de la disparition de la mère.

Il peut se faire que ces enfants soient recueillis par des parents ou des personnes charitables. Quelles seraient les collectivités responsables ? Dans la plupart des cas, ils seront admis dans le service des enfants assistés ou des moralement abandonnés, même alors, la question du domicile de secours se posera entre deux départements.

A l'égard de ces enfants, la section de l'Intérieur du Conseil d'Etat, après avoir rappelé qu'antérieurement à la disparition de la personne à qui incombait le soin de leur éducation, ils avaient le domicile de secours de la dite personne, est d'avis que ce domicile de secours doit leur être conservé, étant donnée l'impossibilité où ils sont de remplir une des conditions imposées par l'article 7 de la loi de 1893, pour la perte du domicile de secours, tant que dure leur minorité et tant qu'ils n'ont pas été émancipés. Les mêmes motifs doivent faire admettre que l'enfant, dont le père et la mère sont décédés, possède le domicile de secours du dernier mourant et qu'il le garde jusqu'à ce que la majorité ou l'émancipation lui permette de le perdre.

J'adopte sur les divers points ci-dessus exposés, les solutions qui ressortent de l'avis de la section de l'Intérieur du Conseil d'Etat. Je me propose de les appliquer aux difficultés que pourrait faire naître la détermination du domicile de secours dans tous les cas où, d'après la jurisprudence en vigueur, ce domicile doit être recherché pour déterminer les obligations légales des collectivités qui doivent supporter les charges de l'assistance.

Vous voudrez bien également vous inspirer de ses solutions. Il ne vous échappera pas qu'elles auront pour effet d'attribuer un domicile de secours, soit communal, soit départemental à des assistés qui avaient pu être considérés comme étant privés. Spécialement au point de vue de l'assistance médicale gratuite, les malades auxquels s'applique la réflexion précédente demeuraient à la charge de l'Etat, conformément aux articles 8 et 29 de la loi de 1893. Il y aura donc lieu de rechercher avec soin quel serait, par application de l'avis de la section de l'Intérieur, le domicile de secours communal ou départemental de ces malades. J'appelle votre attention sur les enquêtes auxquelles devra donner lieu, dans le cas de disparition du chef de famille et dans les autres hypothèses envisagées ci-dessus, la fixation du domicile de secours des malades, avant leur inscription sur la liste nominative mensuelle, prévue par l'article 23 de la loi du 15 juillet 1893.

Je vous prie de m'accuser réception des présentes instructions.

Le président du Conseil,
Ministre de l'Intérieur et des Cultes,
WALDECK-ROUSSEAU.

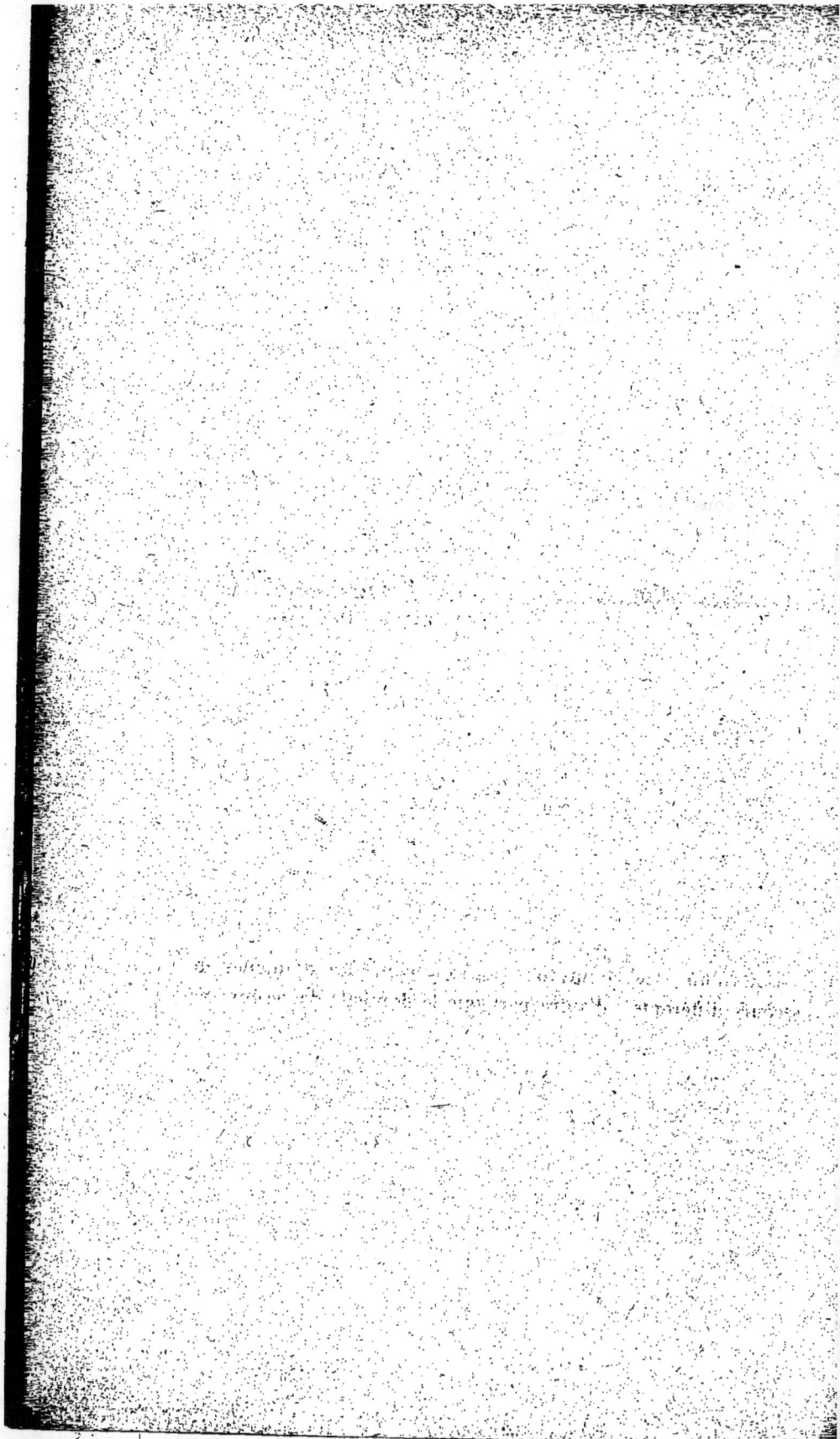

ANNEXE III

—

Annexe à la circulaire du 28 mai 1902. Avis de la Section de l'Intérieur, des Cultes, de l'Instruction publique et des Beaux-Arts du Conseil d'Etat (Séance du 5 février 1903).

———

La section de l'Intérieur, des Cultes, de l'Instruction publique et des Beaux-Arts du Conseil d'Etat, qui a été saisie par M. le Ministre de l'Intérieur et des Cultes de la question de savoir quel est le domicile de secours

1° Des personnes, femmes mariées ou enfants dont le sort, quand ce domicile est lié à celui d'un autre individu, lequel a disparu ;

2° Des enfants dont le père et la mère sont décédés ;

Vu les articles 6, 7, 8, 9 et 36 de la loi du 15 juillet 1893 ·

Considérant qu'antérieurement à la loi du 15 juillet 1893, il résultait des dispositions de la loi du 24 vendémiaire, an II : d'une part, que les membres d'une même famille, bien que vivant d'une vie commune, pouvait avoir des domiciles de secours différents ; d'autre part que le domicile de secours ne pouvait se perdre par l'acquisition d'un nouveau domicile ;

Considérant qu'il résulte tant du texte de la loi que des travaux préparatoires que le législateur a voulu parer à ce double inconvénient ;

Considérant qu'à cet effet il a prescrit que la femme acquerrait le domicile de secours du mari, dès le jour du mariage, sans être astreinte à aucune condition de résidence et que dans les différentes hypothèses légales, les seules qu'il pouvait envisager, il a attribué à l'enfant le domicile de secours de celui de ses parents auxquels incombe le soin de son éducation, sans lui laisser tant qu'il est mineur ou non émancipé, la possibilité d'acquérir un domicile de secours qui lui soit personnel ;

Considérant qu'ainsi il a assigné un domicile de secours unique à tous les membres d'une même famille, dès que commence la vie commune et tant qu'elle dure ; mais qu'il n'a pas prescrit, par aucune disposition, que lorsqu'elle viendrait à cesser, l'unité de domicile de secours devrait être maintenue ;

Considérant, en ce qui concerne les conditions requises pour la perte du domicile de secours, qu'en ajoutant au cas déjà prévu de l'acquisition d'un nouveau domicile, celui d'une absence ininterrompue d'une année postérieurement à la majorité ou à l'émancipation, le législateur a entendu déterminer limitativement ces conditions ;

Considérant qu'il résulte de ce qui précède ;

En ce qui concerne la femme mariée, abandonnée par son mari ;

Que l'abandon par le mari ayant mis un terme à la vie commune, le sort du domicile de secours de la femme n'est plus lié au sort du domicile de secours du mari ; qu'elle conserve donc celui qu'elle avait antérieurement, tant qu'elle ne la pas perdu par application des dispositions de l'article 7 ;

En ce qui concerne l'enfant abandonné par son père ; qu'il aura le domicile de secours de sa mère, à qui incombe le soin de son éducation ;

En ce qui concerne les enfants abandonnés par leur père et leur mère, ceux dont le père et la mère sont décédés ceux d'une femme veuve, divorcée ou séparée de corps qui viendrait à disparaître et les enfants naturels, reconnus par leur mère seulement, lorsque celle-ci a disparu ;

Qu'antérieurement à la disparition de la personne à qui incombait le soin de leur éducation, ils avaient le domicile de secours de la dite personne et qu'il doit leur être conservé, étant donné l'impossibilité où ils sont de remplir une des conditions imposées par l'article 7 pour la perte du domicile de secours, tant que dure leur minorité et tant qu'ils n'ont pas été émancipés :

Est d'avis :

Qu'il y a lieu de répondre dans le sens des observations précédentes.

André SILNOL, *rapporteur,*

Paul DISLÈRE, *président,*

R. LAGRANGE, *secrétaire,*

TABLE DES MATIÈRES

Alger — Typographie Adolphe Jourdan